EL UNIVERSO DE LOS SUPERHÉROES

MANUEL LÓPEZ POY

EL UNIVERSO DE LOS SUPERHÉROES

Un sello de Redbook Ediciones

Información bibliográfica

C/ Indústria, 11 (Pol. Ind. Buvisa)

08329 — Teià (Barcelona)

e-mail: info@redbookediciones.com

www.redbookediciones.com

Diseño de cubierta: Regina Richling

Diseño de interior: Grafime

ISBN: 978-84-946961-2-1

Depósito legal: B-19.291-2017

Impreso por Sagrafic, Plaza Urquinaona 14, 7º-3ª 08010 Barcelona

Impreso en España - *Printed in Spain*

ÍNDICE

INTRODUCCIÓN
Buenos, malos y todo lo contrario 13

CAPÍTULO 1.
La prehistoria de los superhéroes 19

Los orígenes mitológicos 21
Mitos celtas y dioses egipcios. 22
Deidades nórdicas y el universo de Asgard 24

La epopeya medieval 25
De los Nibelungos a Robin Hood 26
Camelot superheroico 27

Los héroes del folletín y la literatura popular 29
Bandoleros románticos y fantasías aterradoras 30
La alargada sombra de Rocambole 32

El concepto de superhéroe moderno 33
Asociales muy populares 35

CAPÍTULO 2
Primeros héroes del cómic 37

El nacimiento de un género 39
Esplendor y poder de la prensa 40
El humor de las tiras cómicas 41

Los cómics en los locos años veinte 43
Modernas y aventureras 44

El jueves negro y los héroes de papel 46
De la jungla al espacio 47

CAPÍTULO 3
El nacimiento de los superhéroes 49

El cómic en la Gran Depresión 51
Policías y ladrones 52
Ciencia ficción y tecnología 53

The Phantom, el pionero de una nueva era 54
Una saga familiar de enmascarados 56

**Superman, el primer superhéroe en un mundo
en conflicto** 57
Un nuevo mito para nuevos tiempos 59
Un patriota inmigrante 61
La pervivencia de un icono cultural norteamericano..... 63

CAPÍTULO 4.
La Segunda Guerra Mundial
y la edad de oro................................... 65

El nacimiento de DC Comics 67
Una época de crisis y conflictos 69
Los reyes de la Golden Age 70

Batman y la eclosión de los superhéroes 71
Millonario y triunfador 73
Tormenta de superhéroes 75

El Capitán América y la lucha contra el nazismo 76
Cien por cien norteamericano.......................... 78
Todos contra Hitler................................... 80

Wonder Woman. La pionera feminista 82
Rompiendo moldes.................................... 84
Predecesoras y compañeras de viaje 86

CAPÍTULO 5.
La Posguerra y el fin de una era 89

**El *American way of life* y la decadencia
de los superhéroes clásicos** 91
Los hijos del *baby boom* 92

La censura y el *Comics Code* 93
Un fantasma censor recorre Europa 95

Patriotas y traidores. La Guerra Fría. 96
Los superhéroes rojos que vinieron del este 98

La Silver Age y el retorno de los superhéroes 99
Clásicos remodelados 101

El nacimiento de Marvel, The Fantastic Four
    y la modernidad 102
La familia que lucha unida, triunfa 103

CAPÍTULO 6.
La humanización de los superhéroes 105

Los superhombres también lloran.
    El nacimiento de Spiderman 107
El ídolo juvenil 109

Seducción adolescente. La primera gran industria
    de ocio juvenil 110
Un universo particular 112

Las drogas, Vietnam y el final de *Comics Code* 113
Desarraigo, marginación y lucha antisistema 114

Monstruos de la era atómica 116
Los X Men y la rebelión de los mutantes 118

Ms. Marvel, las superheroínas y el movimiento
    de liberación femenina 119
Contra viento y marea 121

CAPÍTULO 7.
La llegada del Black Power
y los superhéroes raciales 123

Del desprecio a la visibilidad 125
Vientos de guerra, aires de libertad 126

Black Panther y el estallido racial 128
Los días del orgullo negro 129

Los afroamericanos reivindican su propia cultura 130

El blaxploitation llega al cómic 132

La revolución normalizadora 134

Plurales, diversos e integrados 136

El Tercer Mundo llama a la puerta 137

Los espaldas mojadas del cómic...................... 138

CAPÍTULO 8.
El fin del siglo
y la decadencia de los gigantes 141

Superman contra Spiderman 143

Marvel y DC, la decadencia de los gigantes............ 146

Watchmen, la posmodernidad de los superhéroes...... 147

Pesimismo, desencanto y guerra sucia 149

Las nuevas editoriales independientes 150

Los desertores de Image Comics....................... 151

CAPÍTULO 9.
Los superhéroes en el siglo xxi 153

Las secuelas de 11 S.................................. 155

Un nuevo desorden mundial 156

Remontando la crisis... hasta la crisis final 159

La nueva era digital. Videojuegos y tabletas............ 160

Salto de pantalla al siglo xxi 162

La imparable ascensión de los superhéroes digitales 163

CAPÍTULO 10.
Películas y series................................. 165

Del blanco y negro al 3D 167

Superhéroes de cine 169

Las superseries televisivas 189

CAPÍTULO 11.
Banda sonora 199

Kiss, los superhéroes del rock 201

Guitar heroes de papel 202

Por su nombre los reconoceréis 204

Discos y canciones superheroicas 206

CAPÍTULO 12.
Superhéroes a la española 225

El desembarco de los norteamericanos 227
Pioneros enmascarados marca de la casa 228
Derrotados por la censura 230
Una explosión de modernidad. 231

Superlópez el pionero. 233
La nueva ola del cómic español. 234

Los hijos de Superlópez 237

Españoles Made in USA 246

CAPÍTULO 13.
Superhéroes latinoamericanos 255

El Hombre de Acero aprende español. 257

Argentina 259
Genuinamente platenses 261
Vengadores de la memoria 263

México 264
Kaliman el pionero. 265
El corto vuelo del Hombre Mosca. 267
Al norte del Río Bravo 268

De La Habana a Santiago de Chile 270
La singularidad colombiana 271
Superhéroes andinos 272

Claves y términos del género 275

Cronología 281

Bibliografía 283

INTRODUCCIÓN
BUENOS, MALOS Y TODO LO CONTRARIO

«La vida no es un lugar seguro» podría ser el eslogan de cualquier justiciero enmascarado con superpoderes, que eso es en definitiva un superhéroe, si no fuera porque la frase la acuñó hace siete en años en una entrevista para la televisión vasca un personaje conocido como Chuki el Balconero, autobautizado el Hombre Araña, que intentó entrar en su casa escalando la fachada bajo el efecto de la drogas y se dejó una pierna en el intento. Más allá de la astracanada friki de turno, pasto de regocijos en las redes sociales, la anécdota revela hasta qué extremo hemos interiorizado y normalizado la existencia de los superhéroes nacidos en los cómics hace ahora 79 años. A los delincuentes trepamuros se les bautiza como Spiderman, los tipos osados se creen Superman y a las chicas valientes se las califica de Super Woman. Películas, videojuegos, discos, juguetes, vestidos y objetos cotidianos en general, son el hábitat natural de unos personajes que comenzaron su existencia en unas revistas baratas, dirigidas sobre todo el público infantil y juvenil y que se han acabado convirtiendo en un icono de la cultura universal. Hoy los superhéroes se cuentan por cientos de miles. Los hay serios, frívolos, salvajes, festivos, tristones, infantiles, inverosímiles, frikis, profesionales, aficionados, machistas, feministas, gais, anarquistas, musulmanes, ateos o cristianos. Hasta el Papa tiene su versión superheroica, en un mundo globalizado en el que la vida, como decía el Spiderman vasco, es un sitio cada vez menos seguro.

Cuando Superman llegó a los quioscos el mundo estaba a punto de precipitarse en el abismo de la Segunda Guerra Mundial y el primer superhombre encarnaba la lucha del bien contra el mal. Ocho décadas después las fronteras entre el bien y el mal son cada vez más difusas y los héroes del cómic, enmascarados o no, con poderes o sin ellos, son víctimas de esa ambigüedad, de ese difícil equilibrio que se ha ido apoderando de nuestra sociedad a medida que avanzaba el siglo xx. Aunque en realidad esa dicotomía está en las raíces de nuestra civilización, porque los superhéroes son los herederos culturales de los héroes mitológicos y, al igual que éstos, compensan su condición de dioses supertodopoderosos, con las flaquezas, miserias y pasiones propias del ser humano. Pero además, cuando aquellos personajes enfundados en trajes multicolores comenzaron a ajustarles las cuentas a los malvados que querían apoderarse del mundo con las peores intenciones, la televisión era un electrodoméstico prácticamente desconocido, los coches casi un artículo de lujo vetado a la mayoría, el cine un entretenimiento familiar y multitudinario y los discos de vinilo una rareza ignorada por la mayoría de la juventud. La cultura popular estaba por acuñar y los tebeos eran un pasatiempo a años luz de ser considerado un género cultural.

Hoy el cómic es algo más que un género, es un medio de expresión, un arte en el que se dan cita otras artes como la literatura, la pintura o el cine. Es la penúltima gran expresión de la cultura de masas y alberga en su seno múltiples miradas, múltiples subgéneros y de todos ellos, el de los superhéroes es sin duda el que más afición he generado y sus devotos, e incluso fanáticos seguidores, han alimentado el mayor negocio del mundo de la historieta: la industria del *comic book* americano. Como afirman Ricardo Aguilera y Lorenzo F. Díaz, en el capítulo «Los Superhéroes», de su obra por entregas en el especial *Gente de comic* de

Diario16: «Entre el rechazo visceral y la pasión incondicional, los superhéroes levantaron a pulso la industria del cómic». Porque detractores tuvieron los superhéroes, y no pocos, desde los defensores de la rancia moral de los años cincuenta, que se inventaron un sello de censura llamado Comics Code, hasta los intelectuales elitistas que los consideran un género menor, una mera aportación evasiva y facilona de la industria del entretenimiento, dada a la manipulación política y social de las mentes juveniles.

A los superhéroes se les han dedicado enciclopedias, libros especializados en las distintas editoriales y personajes, obras sobre los orígenes científicos de sus superpoderes, análisis de sus orígenes mitológicos y eruditos estudios sobre su influencia en la cultura popular, así que poco se puede decir que no se haya dicho, excepto quizá tratar de colocar en su contexto sus orígenes, su evolución y su desarrollo, de una forma ágil y amena, al alcance del lector no especializado. Por eso este libro es un cruce entre un manual de uso para quién no conozca profundamente el universo de los superhéroes y una guía histórica para los aficionados a sus hazañas, que se cuentan por legiones y que ya no son sólo unos chavales en busca de entretenimiento. Esta es también una obra dedicada a la parte más humana de unos personajes surgidos de los pinceles y los textos de unos jóvenes creadores que encontraron en las revistas populares el medio perfecto para dar a conocer su arte, para dar rienda suelta a su imaginación. Hay una expresión periodística que cobra su máxima dimensión aplicada al cómic: «el papel lo aguanta todo», lo que lo convirtió en el medio ideal para el desarrollo de las fantasiosas e imposibles andanzas de los superhéroes. Luego llegaron la radio, el cine, la televisión y las pantallas digitales, que les proporcionaban a las viñetas una libertad creativa y una difusión cada vez mayor.

Conservadores o progresistas, patriotas o traidores, machistas y feministas, abiertamente antifascistas o veladamente ultraderechistas, elitistas o callejeros, los superhéroes han ido evolucionando con el momento histórico que les ha tocado vivir, como

casi todo el mundo, porque en buena medida, todos somos lo que somos porque vivimos los tiempos que vivimos. Después de ocho décadas de guerras, avances científicos, asombrosas innovaciones tecnológicas y drásticos cambios sociales, los superhéroes siguen vigilando nuestras inseguras vidas, porque siempre hará falta un mito, un héroe que nos sirva de modelo, aunque el mejor modelo sea sin duda el que definió en su día al malogrado actor que más popularidad dio a Superman, Christopher Reeve: «Un héroe es una persona corriente que encuentra la fuerza para soportar y perseverar a pesar de los obstáculos abrumadores.»

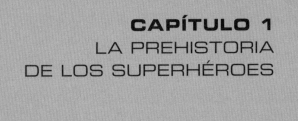

CAPÍTULO 1
LA PREHISTORIA DE LOS SUPERHÉROES

Los orígenes mitológicos

Desde que el ser humano comenzó a desarrollar la capacidad para contar historias surgió la necesidad de crear mitos, dioses, héroes y personajes fabulosos que, de una u otra forma, diesen sentido a su existencia terrenal y ayudasen a resolver las incógnitas que ésta planteaba. Fueron esos mitos los que sirvieron de motor para la creación de las distintas culturas y religiones, hasta conformar una cultura universal en los albores de este siglo XXI, con variadas y diversas manifestaciones en las que la figura del ser mitológico, dios o superhombre, sigue siendo fundamental, incluso en una época de revolución tecnológica racional como la que vivimos.

En la cultura occidental, las mitologías fundamentales de referencia son la egipcia, la celta, la griega y, por extensión de esta última, la romana. Con su mezcla de dioses y superhumanos, los dioses y semidioses clásicos son una de las columnas vertebrales de nuestra cultura y su influencia sigue presente a la totalidad de nuestras manifestaciones culturales, desde la escultura al cine, pasando por el teatro, la literatura, la música o los videojuegos, y los cómics no sólo no son una excepción, sino que son una de las manifestaciones narrativas más impregnadas por esa influencia mitológica, o como expone Manu González en la introducción de su libro *Dioses, Héroes y Superhéroes*: «Pero los dioses antiguos no se querían rendir tan pronto y comenzaron a introducirse en un nuevo formato narrativo que comenzaba a imponerse con fuerza en la industria literaria norteamericana: el cómic».

Los orígenes mitológicos griegos de los superhéroes pueden rastrearse con claridad en personajes como Hércules, miembro de Los Vengadores, creado por Stan Lee y Jack Kirby en 1965 en el número uno de *Journey Into the Mystery Anual*, de Marvel Comics, una publicación protagonizada por Thor –otro superhéroe procedente de la mitología, en este caso nórdica– y que acoge también la primera aparición de Zeus dirigente de la raza extradimensional conocida como los Titanes y del supergrupo Olympians (Dioses Olímpicos), integrado por Afrodita, Apolo, Neptuno, Ares, Hércules, Atenea, Cupido, Démeter, Dionisios, Hera, Hermes, Perséfone, Plutón, Prometeo, y el resto de dioses griegos y romanos, todos ellos inmortales y con poderes físicos sobrehumanos en las páginas de los cómics, donde hicieron su primera aparición en 1948, en la publicación *Venus* de la editorial Marvel.

Mitos celtas y dioses egipcios

La mitología celta está representada especialmente por Sandman, el personaje de DC Comics encarnado por primera vez durante la Golden Age, la edad de oro de los cómics, por Wesley Dodds, creado en 1939 por Gardner Fox y Bert Christman. Se trataba de un luchador contra el crimen que usaba un gas adormecedor para luchar contra los criminales y tenía sueños premonitorios. En la cultura celta, Sandman es el protector de los sueños de los niños, encargado de espantar sus pesadillas y representado habitualmente como un viejo duende bonachón. En el universo Marvel, el personaje que mejor ejemplifica este mito es Sleepwalker (Sonámbulo), creado en 1991 por Bob Budiansky y Bret Blevins. Es una especie de policía alienígena de una dimensión conocida como Plan Mental, atrapado en el cuerpo del estudiante Rick Sheridan y que entra en acción cuando éste duerme.

Los dioses egipcios están representados en el sello Marvel por el grupo de superhéroes Heliopolitan Gods –traducidos como los Dioses Egipcios– en el que figuran Amon Ra, Anubis, Atum, Bast, Horus, Isis, Nephthys, Nut, Osiris, Ptah, Seth, Toth y un largo etcétera de personajes enraizados en los mitos del país del Nilo, recreados por primera vez en 1950 por el guionista Stan Lee y el dibujante Werner Roth en la revista *Marvel Tales. Sus* superpoderes y atribuciones son los mismos que los de sus equivalentes del antiguo imperio de los faraones. En el sello DC, la diosa Isis –que comparte superpoderes con su hermano Osiris– apareció por primera vez como superheroína en 1975 como personaje de la serie de televisión *The Secrets of Isis*, para pasar al año siguiente a las páginas de los cómics en la revista *Shazam! Nº25* y ser recuperada en 2002 en un cómic de Wonder Woman y posteriormente, aparecer con una figura protagonista en 2006 con el alter ego Adriana Tomaz, una moderna esclava convertida en superheroína gracias a los poderes que recibe del espíritu de una hechicera egipcia atrapada en un medallón. También en el universo DC es reseñable la influencia de la mitología egipcia en el Hawkman (El Hombre Halcón) publicado en el nú-

mero uno de Flash Comics en 1940 y que es la reencarnación del príncipe egipcio Khufu. La misma editorial creó en 1945 a Black Adam (Adan Negro), un antiguo campeón del mago Shazam que se convirtió en supervillano y cuyos poderes vienen de seis dioses egipcios.

Deidades nórdicas y el universo de Asgard

Pero sin duda, el universo de antiguas divinidades más influyentes en los cómics de superhéroes es el de los dioses nórdicos. En 1962 Stan Lee, Larry Lieber y Jack Kirby, dan vida a Thor, uno de los personajes más famosos de Marvel, surgido directamente del mundo de ficción de Asgard, que en la mitología nórdica es el mundo en el que reinan Odín y su esposa Frigg, y se recoge por primera vez en *Edda Prosaica*, escrita en el siglo XIII por el escritor islandés Snorri Sturluso. De las andanzas de Thor, su padre Odín y todo el universo de superhéroes asgardianos de Marvel, como Loki, Hogun, Brunilda la Valquiria, Volstagg, Arko o Skurge el Verdugo, entre otros muchos, volveremos a hablar más adelante, pero sirvan como botón de muestra del hilo conductor del panteísmo nórdico con su reflejo directo en el mundo del cómic. En el caso de la editorial DC, este hilo conductor se encuentra en personajes como Wild Huntsman, una reencarnación de un antiguo héroe vikingo creada en 1981 para las aventuras del grupo de superhéroes Super Friends, integrado por los personajes fundamentales de la editorial durante la llamada Edad de Oro del Cómic: Superman, Batman, Wonder Woman y Aquaman.

Este es sólo un muestrario de ejemplos de la influencia de los dioses creados por los hombres en la antigüedad, transmitidos a través de los siglos de forma oral por las sagas heroicas o en los textos clásicos de Homero, como la *Ilíada* y la *Odisea*, en la larga lista de nuevos mitos de papel creados por la cultura de masas del siglo XX. Uno de los mayores estudiosos españoles del cómic,

Roman Gubern, en su obra *Máscaras de la ficción*, deja explícitamente clara la influencia de los dioses y los héroes clásicos en los superhéroes usando el ejemplo del primero de ellos: «Superman, como el Gilgamesh babilonio, es en parte dios y en parte mortal. Su fuerza física le convierte en un homólogo del Herakles griego o del Hércules romano. Pero, pese a su fuerza, padece una vulnerabilidad específica a la kryptonita, como les ocurrió a Aquiles, a Sigfrido o Sansón. Es, además, el protector de Metrópolis, como los animales totémicos de muchas tribus».

La epopeya medieval

En la Edad Media, con el dominio de las religiones monoteístas en las que no cabe más dios que 'el verdadero', los dioses clásicos fueron sustituidos por los héroes de las sagas guerreras, que suponen en realidad una continuación revisada de la épica grecolatina, actualizando y sacralizando –al Dios de los cristianos, esencialmente– los elementos básicos del héroe: su fuerte personalidad sobresaliente, su dedicación preferente a una misión guerrera y liberadora, la defensa de los débiles y un constante peregrinaje vital. Las epopeyas medievales tuvieron como medio de transmisión y difusión popular los cantares de gesta narrados por los juglares –la llamada épica heroica– y recopilados después en poemas épicos, habitualmente por monjes que escribían en latín o lenguas romances, en la conocida como épica culta.

En España la epopeya medieval está representada sobre todo por el *Cantar de Mio Cid* –un héroe que, entre otras cosas, regresa para vencer una batalla después de muerto– aunque también tienen mucho peso los versos del *Cantar de Roncesvalles*, el poema de Fernán González y la leyenda de *Los siete infantes de Lara*. El Cid no tuvo reencarnación superheroica, a no ser que demos por buena la vía indirecta que lo une al Capitán Trueno, de Víctor Mora y Ambrós publicado por primera vez en 1956, y a éste con el personaje Trueno, del grupo español de superhéroes creado por Carlos Pacheco, Rafael Marín y Rafa Fronteriz, cuyo primer número fue editado en 1996.

En Francia la referencia de héroe caballeresco por excelencia es Roland, cuyas aventuras fueron narradas en el cantar de gesta *La Chanson de Roland*, escrita alrededor de 1060 y atribuida a un monje normando, Turoldo, y que es probablemente el cantar de gesta más antiguo escrito en lengua romance en Europa. Roland es el superhéroe francés de la edad media por excelencia, capaz de partir con su enorme espada una piedra descomunal y de enfrentarse, acompañado solamente por una docena de compañeros de armas –los Doce Pares de Francia– a más de 400.000 enemigos, para salvar la vida de un ejército en retirada. Tres siglos después de los hechos reales –bastante menos épicos– el cantar convirtió una simple emboscada en una de las más memorables batallas de la historia conocida como La Batalla de Roncesvalles y creó uno de los héroes más populares del imaginario europeo que ha llegado hasta nuestros días.

De los Nibelungos a Robin Hood

En Alemania la épica medieval tiene su máximo exponente en *Nibelungenlied* (*Cantar de los Nibelungos*), un poema anónimo del siglo XIII, que narra las hazañas de Sigfrido, el cazador de dragones, su muerte –con un recuerdo al héroe griego Aquiles y su talón– y la venganza de su amada, la princesa Krimilda, y que sirvió de fuente de inspiración para *Der Ring des Nibelungen* (El anillo del Nibelungo), la ópera de Richard Wagner estrenada en 1869, que se puede rastrear en el origen del superhéroe Green Lantern y su anillo de poder.

En el ámbito anglosajón la narración épica por excelencia es el poema anónimo *Beowulf*, que en 1975 mereció una publicación propia en DC Comics, *Beowulf: Dragon Slayer*, y también hay quien rastrea su influencia en el *Conan* de Marvel. También fue objeto de una adaptación en 1984 en la editorial First Comics, dedicada al cómic de autor; y también un tanto alejada del universo superheroico pero reseñable por su excepcional calidad, es la adaptación al cómic realizada por Santiago García y David Rubín en el 2013. En Inglaterra surge también Robin Hood, que introduce el papel del héroe popular al final de la Edad Media. Se le menciona por primera vez en 1377, en el poema *Piers Plowman* (Pedro el Labrador), de William Langland, y ha sido objeto de versiones, revisiones y homenajes en todo tipo de manifestaciones culturales, incluidos los cómics, donde encontramos un hilo conductor más que evidente con los personajes de Green Arrow de DC –cuyo uniforme original era prácticamente clavado al que lucía Errol Flynn en la película *The Adventures of Robin Hood*, de 1938– y Hawkeye, el arquero de Marvel. Pero el imaginario heroico por excelencia proporcionado por las Islas británicas es sin duda el de Camelot, el Rey Arturo y sus caballeros de la Mesa Redonda.

Camelot superheroico

Los míticos héroes caballeros de la Edad Media han inspirado directamente o indirectamente a una pléyade de personajes del cómic de superhéroes. Entre los más evidentes en el universo de DC Comics encontramos al mago Merlín, aparecido en 1936, dos años antes que Superman. Creado por Rafael Astarita para el número 3 de *New Comics,* se convirtió en uno de los personajes regulares de la editorial. Hijo de un demonio, su misión es tutelar al Rey Arturo de Camelot, al que provee de todo tipo de maravillas, desde una espada mágica a un caballo alado. En 1972 Jack Kirby creó una versión moderna en el primer volumen del personaje The Demon, proporcionando al mago una nueva vida en su eterna disputa con el demonio Etrigan, la villana Morgana Le Fay y su hijo Mordred.

En Marvel el mundo medieval imaginario de Camelot tiene un amplio apartado que comienza en 1944 con la aparición en la revista *Young Allies* del personaje Pendragon, King Arthur, recu-

perado en diversas ocasiones para aventuras de personajes relacionados con el mundo artúrico, como Morgana Le Fay, en 1978.
Originario de Camelot es sir Percy de Escandia, al que el mago
Merlín le confía la misión de proteger al rey Ricardo, cuyo asesinato a manos del bastardo Mordred le lleva a convertirse en Black
Knight (Caballero Negro) creado en 1955 por el guionista Stan
Lee y el dibujante Joe Maneely, con su armadura completamente
negra, una espada mágica de ébano y una lanza que dispara rayos
de energía. En 1964, en plena era moderna del cómic de superhéroes, Stan Lee y el dibujante Dick Ayers rescataron el personaje y lo convirtieron en Nathan Garret, un malvado descendiente de Sir Percy integrado en el grupo de supervillanos Los Amos
del Mal. Tras su muerte, el personaje recae en su sobrino, Dane
Withman, que vuelve con los buenos y colabora con los Venga-

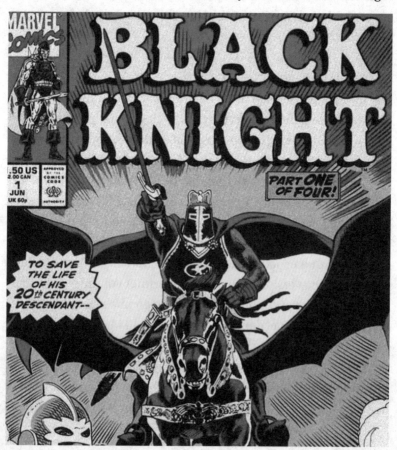

dores. Incluso a raíz de un *crossover* entre los supergrupos de los Vengadores y los Defensores, publicado en 2012, su espíritu regresa a la época de las Cruzadas para pasar unos meses luchando junto a Ricardo Corazón de León. También hay una relación referencial con el equipo de superhéroes Excalibur, encabezado por el Capitán Britania y que es una versión inglesa de los X-Men aparecida en 1987.

Todos ellos son una prueba de la perdurabilidad de los mitos medievales en nuestra cultura y la influencia del héroe caballeresco transmitida en principio por las novelas de caballerías escritas a lo largo de los siglos xv y xvi y que tendrán su final en la caricaturesca genialidad de *El Quijote*. Pero será la imprenta moderna –inventada por Johannes Gutenberg hacia 1460– y la llegada del Renacimiento, con su expansión cultural, las que darán una nueva dimensión popular y universal a los héroes y sus hazañas.

Los héroes del folletín y la literatura popular

En los siglos xvi y xvii se popularizan un tipo de publicaciones, que recibirán varios nombres según el país, pero que se conocerán genéricamente como 'hojas volantes', cuya característica principal es que mezclan el texto con los dibujos para acercar más fácilmente los mensajes a una población mayoritariamente analfabeta o semianalfabeta. A finales del siglo xvii el pintor inglés Willian Hogarth editó una serie de grabados en serie que narraban una historia, es casi siempre con una fuerte carga crítica hacia la corrupción moral, la hipocresía respecto a los problemas de los más pobres o los peligros del alcohol. Este tipo de publicaciones, en su mayoría de tipo caricaturesco, fueron muy populares en toda Europa bajo la forma de revistas de estampas y publicaciones satíricas –especialmente desde los años inmediatamente anteriores a la Revolución Francesa de 1789– que a menudo usaban una sucesión de cuadrículas dibujadas correlativamente para explicar una historia, algo que popularizaron en la calle los romanceros de ciego y las 'aleluyas', con las que un charlatán callejero entretenía a la audiencia contando una historia, habitualmente truculenta. La revolución industrial y la progresiva alfabetización del público, impulsaron decisivamente el desarrollo de este tipo de narración a partir de dibujos con textos explicativos y favorecieron también la divulgación popular de la novela por entregas decimonónica y del folletín, una publicación barata, de tirada numerosa y regular, con historias que oscilan entre las historias fantasiosas, asuntos de amor y los temas tenebrosos. Un siglo después, los detractores de los cómics usarían definiciones similares para condenar sus presuntos efectos nocivos en la educación de la juventud. Pero tanto el folletín como la novela por entregas, están en el origen de la cultura popular del siglo xx. Folletineros famosos fueron Honoré de Balzac (con la publicación de *La piel de zapa*, una historia de un joven que consigue una piel mágica que le concede de deseos pero le acorta la existencia), Alejandro Dumas (con los *Los tres mosqueteros*, uno de los primeros grupos de héroes y ejemplo para supergrupos posteriores) o Eugène Sue (con *Los misterios de París*, una historia ambientada en los bajos fondos parisinos con un joven misterioso protector de desvalidos que busca a los culpables de la desaparición de su hija).

Bandoleros románticos y fantasías aterradoras

La novela romántica fue otro vivero de predecesores de superhéroes, como Dick Turpin, el bandolero inglés del siglo xviii, ahorcado por robar ganado, que el escritor William Harrison Ainsworth convirtió en su novela *Rookwood*, publicada en 1834, en un justiciero enmascarado que dirige una banda que lucha contra los terratenientes y reparte entre los pobres las riquezas que roba a los explotadores. De esta estética de bandolero del siglo XVIII beben algunos personajes como Spirit of '76, el superhéroe de Marvel con botas de montar, capa, máscara y sombrero tricornio, que tuvo la osadía de usar como segunda personalidad el nombre de Capitán América.

En otras ocasiones la inspiración superheroica proviene de personajes creados por la imaginación popular, o leyendas urbanas, como se les llamaría hoy. Este es el caso de Spring Heeled Jack, de la Inglaterra victoriana cuyas primeras noticias datan de 1837, cuando cientos de personas afirmaban haber sido testigos de sus prodigiosos saltos y ataques desde lo alto de los edificios, para huir luego mientras reía de forma siniestra. El personaje, real o imaginario, aterrorizó Londres y se convirtió en la estrella de los Penny Dreadful, las publicaciones populares de ficción que se publicaban en Inglaterra durante el siglo XVIII, habitualmente centradas en historias de terror, lo que les valió el sobrenombre de «los horrores de penique». Muchos analistas han querido ver en este personaje una fuente de inspiración para superhéroes como Daredevil, debido a su apariencia física, o al propio Spiderman, por su estrategia de atacar desde las alturas de los edificios y regresar a ellos trepando a toda velocidad.

Durante el siglo XVIII el impulso de la novela de aventuras, fantasía o gótica, creó una serie de personajes complejos que se convirtieron en arquetipos de la cultura del siguiente siglo y, obviamente, en personajes inspiradores para los héroes y antihéroes del cómic. Un ejemplo palmario de esa influencia es *Frankenstein; or, The Modern Prometheus* (*Frankenstein o el moderno Prometeo*), publicada por Mary Shelley en 1818, que ha servido de inspiración directa para centenares de cómics, tanto versiones de la novela, como adaptaciones libres en cómics de terror fantasía y superhéroes, desde el cómic clásico al manga. Basta como botón de muestra el hecho de que Marvel, por sí sola, ha llevado a la historieta este personaje en más de una decena de ocasiones, entre las que destacan la historia *Your Name*

Is Frankenstein, escrita por Stan Lee y dibujada por Joe Maneely en 1953 o la publicación *The X-Men nº40* en 1968, o en *Silver Surfer nº7* en 1969, o directamente con sus propias revistas, *The Monster of Frankenstein* y *The Frankenstein Monster,* entre 1973 y 1975. En la competencia de DC, el propio Batman –en su personalidad de Bruce Wayne convertido en médico– intentó remedar al Dr. Frankenstein y usar partes de cuerpos humanos para reconstruir el de su padre asesinado en la publicación *Batman: Castle of the Bat*, de 1994. Un personaje significativo de este periodo es también Auguste Dupin, el detective protagonista del primer relato policial, *Los crímenes de la calle Morgue*, creado por Edgar Allan Poe en 1841 y que protagonizará otros dos relatos del genial escritor bostoniano, *El misterio de Marie Rogêt*, en 1842, y *La carta robada*, en 1844, que anuncian un nuevo tipo de enfoque en la aproximación al mundo del delito y sirven de sustento a futuros personajes como el Sherlock Holmes de Arthur Conan Doyle.

La alargada sombra de Rocambole

En 1857 el periódico *La Patrie* publica *Los Dramas de París*, la primera entrega de las aventuras de un personaje llamado Rocambole, creado por Pierre Alexis Ponson du Terrail, que preconiza claramente al héroe de ficción moderno y acuña el término rocambolesco, que a partir de entonces definirá todos aquellos sucesos e historias que resulten enrevesados, extraordinarios o inverosímiles. El personaje comienza como un villano malvado, pero acaba convirtiéndose en un ladrón no violento, ingenioso y educado que, a modo de firma, deja en el lugar los ecos una sota de corazones, un recurso que será utilizado desde entonces cientos y cientos de veces, tanto en las historias de ficción como en la vida real –En España en 2003 hubo un asesino en serie que fue conocido como 'el asesino de la baraja', por firmar sus crímenes con naipes– y que en el mundo superheroico tiene a su máximo exponente en el Joker de Batman, que en sus primeras apariciones usa como tarjeta de presentación el comodín de la baraja de póquer. También en un paralelismo con los personajes de cómic, su éxito hizo que sus aventuras fuesen escritas por distintos autores, evolucionando y cambiando a lo largo del tiempo. Herederos directos suyos son los héroes de la literatura popular de principios del siguiente siglo, como Arsenio Lupin, Fantomas o la Máscara.

A finales del siglo XIX la novela se consolida como un género de éxito popular con obras como *El libro de la selva* de Rudyard Kipling, *El hombre invisible* de H.G. Wells, *El retrato de Dorian Gray* de Oscar Wilde o *La isla del tesoro* de Robert Louis Stevenson, un autor clave en la creación de personajes. En 1887 Robert Louis Stevenson publicaba su obra *Strange Case of Dr Jekyll and Mr Hyde* (*El extraño caso del doctor Jekyll y el señor Hyde*). La influencia de este personaje en el cómic es inabarcable, pero tiene su mejor ejemplo en Hulk-Bruce Banner y así lo reconoció en su día el propio Jack Kirby en una entrevista con Will Eisner recogida en el libro *Shop Talk, Conversaciones con Will Eisner*, editado en 2005 por Norma Editorial: «Hulk era un inadaptado social. Era esquizofrénico y la gente no le entendía. A ratos es el doctor Bruce Banner, un intelectual y a ratos un ser primitivo. Estaba actualizando Dr. Jekyll y Mr Hyde». La dualidad del personaje Jekyll y Hyde, preconizan claramente el héroe y el antihéroe que se impondrán en el mecanizado, revolucionario y tecnológico siglo XX.

El concepto de superhéroe moderno

En 1892 se publica, completa e íntegra, la obra *Also sprach Zarathustra. Ein Buch für Alle und Keinen* (*Así habló Zaratustra. Un libro para todos y para nadie*), en la que Friedrich Nietzsche se refiere por primera vez el concepto de superhombre, su Übermensch, su prototipo de nuevo hombre ideal frente al hombre antiguo fruto del imperio de la moral religiosa y los define como: «seguro, independiente e individualista, y no se deja llevar por la multitud; al contrario de las personas débiles, que sólo se dejan llevar por las tradiciones y las reglas establecidas». Algunas de las claves de conducta moral que el filósofo alemán atribuye a este nuevo hombre, suprahombre o superhombre, como su rechazo a las conductas gregarias, su afición al riesgo, su capacidad para establecer una clara escala de valores y su intenso amor por la existencia, por complicada que ésta sea, son perfectamente extrapolables al universo de superhéroes y superheroínas. Sin embargo, es precisamente la escala de valores y su actitud ante los dilemas morales lo que diferencia sensiblemente al superhombre nietzscheano de los superhéroes nacidos en el cómic, que rompen con buena parte de la moral tradicional e introducen dudas permanentes, sobre los límites entre el bien y el mal, la equidad de la justicia y la forma de aplicarla. Surgen para luchar contra la maldad y la injusticia y acabarán caminando por el filo de la navaja que separa lo legal de lo ilegal, lo justo de lo injusto y lo moral de lo amoral. Quizá la línea que une la definición de Nietzsche con los personajes nacidos en las revistas de cómic sea más tenue de lo que pudiera parecer, pero lo cierto es que el pensador alemán fue el primero en bautizar a un tipo de personaje que le viene como anillo al dedo a Superman y compañía, tal y como se recoge en la cita de Nietzche con la que Grant Morrison abre su imprescindible libro *Supergods. Our World in the Age of the Superhero*, traducido al castellano como *Supegods. Héroes, mitos e historias del cómic*: «Mirad, yo os enseño el superhombre: ¡él es ese rayo, él es esa demencia!».

Otro antecedente nominal recurrente es el de la obra de teatro *Man and Superman*, de George Bernard Shaw, publica en 1903 y estrenada por primera vez en Londres dos años después.

Aunque se la suele mencionar entre los antecedentes que inspiraron el primer relato de Joe Shuster y Jerry Siegel, *The Reign Of Superman*, su conexión con el primer personaje definido explícitamente como superhéroe, Superman, es bastante difícil de rastrear en esta comedia en la que el protagonista es una especie de conquistador a la inversa: un intelectual que rehúye a las mujeres para enfocarse al tiempo en la fantasía y las eternas preguntas fundamentales sobre la existencia.

Asociales muy populares

En la literatura popular, el precedente del superhéroe moderno hay que rastrearlo en personajes como Arsenio Lupin, un ladrón de guante blanco creado por Maurice Leblanc en 1905, en una serie de relatos publicados en la revista *Je Sais Tout*. Protagonizados por un personaje elegante y seductor, dotado de una aguda inteligencia, una amplia cultura, un elevado conocimiento de las artes marciales y los sistema de defensa, y un carácter sarcástico y juvenil que le hizo muy popular, a pesar–o quizá precisamente por eso –de representar a un fuera de la ley. Entre otras muchas adaptaciones, un nieto suyo, Arsenio Lupin III, protagoniza una serie manga japonesa, creada por Kazuhiko Katō, conocido también como Monkey Punch, en 1967.

Otro personaje que entronca con el nuevo modelo de héroe de ficción es el protagonista de *El fantasma de la ópera*, una novela publicada por Gastón Leroux en 1910 y protagonizada por un enmascarado que oculta la deformidad de su rostro. Un ser misterioso capaz de interpretar una música magistral, mientras siembra el terror en la Ópera de París para atraer a la joven artista de la que se ha enamorado. Unos años después aparece Fantômas, el personaje creado por Marcel Allain y Pierre Souvestre, inspirado en Rocambole y en Arsenio Lupin, pero con más crueldad y menos códigos éticos. Es un consumado maestro del disfraz, capaz de las peores fechorías, un sociópata precursor de los supervillanos del cómic

Detenemos este análisis de los héroes literarios creados a principios del siglo xx, en Tarzán de los Monos, el mítico personaje creado Edgar Rice Burroughs en 1912, en *Tarzan of the Apes*, la primera de las cientos de novelas, cómics, películas y series de televisión que se han hecho sobre el rey de la selva y que también figura entre las obras de referencia que pudieron inspirar la creación de Superman y los primeros superhéroes. Lo cierto es que Burroughs creó un héroe que vive al margen de la sociedad –al menos de la sociedad humana– con un sentido innato de la justicia, unas cualidades físicas extraordinarias, un valor a prueba de bomba y una permanente predisposición a la acción, cualidades todas que definen al buen superhéroe.

CAPÍTULO 2
PRIMEROS HÉROES DEL CÓMIC

El nacimiento de un género

En 1889 Joseph Pulitzer, magnate de la prensa norteamericana y propietario del diario *New York World*, crea el primer suplemento dominical, *The World's Funny Side*, que en principio consistía en una simple hoja con chistes, historias breves y algunas ilustraciones, pero que seis años más tarde se habría convertido en una verdadera revista que acogió al que está considerado como el primer personaje propio de la historia del cómic: The Yellow Kid, creado por Richard F. Outcault. Se trataba de Mickey Dugan, una especie de pilluelo de la calle vestido de amarillo, que protagonizaba una tira cómica llamada *Hogan's Alley*, en la que se usaban por primera vez bocadillos de texto para aportar diálogos o explicar la acción que se desarrollaba en la viñeta. El éxito fue inmediato y el rival de Pulitzer, Randolph Hearst, qui-

so llevarse al dibujante a su periódico, el *New York Journal*, y lo logró, pero Pulitzer contrató un nuevo dibujante y el personaje acabó saliendo simultáneamente en los dos periódicos lo que, entre otras cosas, sirvió para que un tercero en discordia, el *New York Press* usase la fama de Yellow Kid y su color para calificar al tipo de periodismo sensacionalista que hacían los dos diarios como «periodismo amarillo», etiqueta que ha perdurado hasta nuestros días. En 1900 un periódico de Hearts, el *New York Journal-American*, publica Happy Hooligan, la primera tira cómica en ser distribuida por King Features Syndicate, la primera agencia en distribuir historias en viñetas y que andando el tiempo se convertirá en el mayor distribuidor mundial de cómics.

Esplendor y poder de la prensa

Son los años de esplendor de la prensa escrita, la época en la que nacen los grandes grupos editoriales con una influencia cada vez mayor sobre la opinión pública y un peso político que llevó al magnate de la prensa amarilla, William Randolph Hearst, a enviar al dibujante Frederick Remington –enviado a Cuba tras el hundimiento del acorazado *Maine* para cubrir una guerra entre los Estados Unidos y España que no empezaba nunca– un telegrama con el texto «Usted facilite las ilustraciones que yo pondré la guerra». La confianza en su poder del propietario del *San Francisco Examiner*, el *New York Journal* y otra treintena de periódicos, y principal competidor de Joseph Pulitzer, se vio justificada con la declaración formal de guerra por parte de Estados Unidos justo tres meses después.

Por primera vez hay un gran público ávido de noticias y de entretenimiento que consume vorazmente todo tipo de publicaciones. Todavía no se ha extendido la radio y falta mucho para que llegue la televisión, pero ya asistimos al principio de la cultura de masas. Las historietas dibujadas de la prensa se convierten en un fenómeno popular en auge. En 1901 el *New York Journal* de Hearst, publica *Alphonse and Gaston*, una serie muy famosa de dos personajes afrancesados del humorista gráfico Frederick Burr Opper, que finalizó en 1904 pero dejó una profunda huella en el imaginario popular como sinónimo de la cortesía almibarada. En 1905 el *New York Herald*, publica *Little Nemo in Slumberland*, la primera aventura del mítico personaje creado por Windsor McCay, que da un paso adelante en la narrativa gráfica, que preconiza la aparición del cómic como tal, incorporando todo un universo de personajes secundarios (Princesa, Flip o el Doctor Píldora) que dan continuidad a las historias que se publican de forma independiente entre sí. Otro diario de Hearst, el *New York Evening Journal*, acoge desde 1911 las andanzas de Krazy Kat, una obra creada por George Herriman y que cuenta las surrealistas andanzas del gato de sexo indefinido Krazy, enamorado perdida y absurdamente del ratón Ignatz y que se publicó hasta 1944.

El humor de las tiras cómicas

En la primera y segunda década del siglo xx las tiras cómicas de la prensa y las historias narradas en viñetas de los dominicales cobran cada vez más popularidad con personajes como *Mutt and Jeff*, creados por Bud Fisher en 1907, *Polly and Her Pals*, de Cliff Sterrett, en 1912, *Bringing Up Father* (Educando a papá), de George McManus en 1913, *Gasoline Alley*, de Frank King, que aparece por primera vez en 1918 e introduce por primera vez la continuidad temporal de los personajes, o la famosa *Little Orphan Annie*, de Harold Gray en 1924. Todos ellos personajes caracterizados en general por un costumbrismo cotidiano de tintes absurdos, picarescos y surrealistas, que reflejan de una u otra forma la convulsa y moderna sociedad norteamericana de la época. En el resto del mundo se produce un fenómeno similar, aunque de menos extensión popular, con más tintes de crítica política, que tienen su reflejo en publicaciones como *Punch, or the London Charivari*, la revista ilustrada británica de humor y sátira creada a mediados del siglo XIX, la revista francesa *Le Charivari*, la italiana *Corriere dei Piccoli*, suplemento infantil del *Corriere de la Sera,* publicado a partir de 1908, o las publicaciones españolas *En Patufet*, publicada en catalán a partir de 1904, y el *TBO*, la revista de humor infantil nacida en 1917 y que se publicó durante más de 70 años y acabó dando nombre a las revistas de cómics en España durante varias generaciones.

El inicio del siglo XX supuso el nacimiento de una nueva sociedad y una nueva cultura marcadas por los avances tecnológicos y el desarrollo de la comunicación de masas. En 1901 comienza la difusión del gramófono y los discos, dos años después los hermanos Wright realizan el primer vuelo en avión, en 1908 Henry Ford lanza al mercado su Ford T, el primer vehículo fabricado de forma masiva en una cadena de montaje, un año más tarde se crea la baquelita, que supone el inicio de la era del plástico y 1911 se crea el primer estudio cinematográfico en Hollywood. La narración gráfica se suma a ese vértigo de creatividad y alumbra el que será denominado como el noveno arte: el cómic.

Los cómics en los locos años veinte

En agosto de 1919 el escritor Johnston McCulley publica *The Curse of Capistrano* (*La maldición de Capistrano*), una novela que supone la aparición de El Zorro, un héroe enmascarado que lucha a favor de los débiles y los oprimidos en la California de principios del siglo XIX, que se hará famoso a partir de la película de 1920, *La marca del Zorro*, producida e interpretada por Douglas Fairbanks, y que no llegará al comic hasta 1949 de la mano del dibujante Alex Toth –aunque en algunos países se adaptó antes a las viñetas, como en Italia, donde el ilustrador Guido Zamperoni publicó desde 1940 un cómic sobre el Zorro en la revista *L'Audace*– y que incluso se codeó con los superhéroes modernos cuando Marvel comenzó a publicar sus aventuras en 1990. Este personaje populariza la dualidad que caracterizará a los futuros superhéroes, con una personalidad oficial más bien timorata y anodina –en este caso el aristócrata Don Diego de la Vega– y otra secreta que esconde tras la máscara del justiciero.

El Zorro sale al mercado en una época especialmente conflictiva para la sociedad norteamericana, con el regreso de los soldados que habían participado en la Primera Guerra Mundial y el estallido del llamado Verano Rojo de 1919, en el que se produjeron disturbios raciales en más de una treintena de ciudades del país que produjeron cientos de heridos y 38 fallecidos, la mayoría en Chicago. En el fondo del conflicto racial se encuentra, además de un racismo secular, el malestar de los soldados blancos que habían vuelto de la guerra para encontrarse los puestos de trabajo ocupados en buen aparte por inmigrantes negros procedentes de las zonas agrícolas del sur que se habían afincado en los guetos de las ciudades del norte. Pero la resaca de la guerra trajo también una explosión de modas y ansias de diversión que ayudasen a olvidar el horror de las trincheras y sus consecuencias. Poco a poco se fue produciendo una reactivación económica que resucitó la industria del ocio y los locos años veinte, como fueron conocidos, se convirtieron en la época del jazz, de los bailes como el charleston o el tango, de la ley seca y la proliferación de clubs clandestinos donde las clases adineradas acudían al reclamo del alcohol, el sexo y las drogas.

Modernas y aventureras

También surge un tipo de mujer que reclama un liberalismo sexual impensable hasta entonces y que comienza a reclamar un papel más protagonista, alejado de los fogones y la escoba. Son las llamadas *flappers*, chicas modernas con el pelo a lo *garçon*, minifalda y aficiones aventureras, que tienen su reflejo intelectual en la antropóloga Margaret Mead, que puso en entredicho la división tradicional de papeles sociales en función del género, es decir, demostró que las mujeres podían hacer cualquier cosa que pudiese hacer un hombre. Fruto de esa nueva corriente es la aparición de las historietas de Winnie Winkle, publicadas por Martin Branner en 1920. Winnie era una joven moderna, soltera e independiente, que se hace cargo de sus padres y un hermano bastante vago y desastroso, convirtiéndose en una de las primeras protagonistas femeninas de la historia del cómic, dos años después de la aparición de las tiras cómicas de Cam-O'Flage, una secretaria *flapper* creada por el dibujante Alfred Earl Hayward. Anotar como curiosidad que Martin Branner, el creador de Winnie Winkle, un personaje duraría más de 40 años, tuvo como ayudante a un joven francés llamado Robert Velter que dos décadas después acabaría creando el famoso personaje de Spirou.

Otro personaje que refleja este incipiente y limitado movimiento de liberación femenina es la célebre Betty Boop, protagonista de una serie de cortos de dibujos animados, estrenada por la Paramount en 1926 y que estaba inspirado en una actriz real de la productora, Helen Kane, que también era cantante y bailarina de vodevil. La sexualidad que desprendía el personaje de Betty la convirtió en el dibujo animado más famoso entre los adultos durante las dos décadas siguientes, en dura competición con otro personaje de la Paramount, Félix el Gato, que nace como tira cómica en 1923, tres años después de su primera aparición como personaje de animación en el cine. Su paternidad es reclamada por caricaturista Pat Sullivan y el dibujante Otto Messmer, una disputa nunca aclarada que no menguó la enorme fama del gato surrealista que triunfó en el cine mudo y el sonoro y que acabó convertido en una estrella de televisión, un medio en cuyos orígenes participó al convertirse en la primera imagen transmitida por televisión cuando la cadena RCA eligió un muñeco con su imagen para un experimento realizado en 1928.

Y mientras las chicas *flappers* imponían su estilo, los varones de los años veinte optaron por refinarse, eliminando barbas y bigotes y dedicando más atención a su aspecto físico, creando nuevas modas y prototipos masculinos, como el de deportista aventurero en un mundo invadido por las más sorprendentes innovaciones tecnológicas. Durante la guerra la industria militar registra un rápido desarrollo técnico e industrial, los coches y los aviones hacen del mundo un lugar más pequeño y se crea la figura del viajero hambriento de sensaciones y conocimientos, al estilo del Capitán Easy, un soldado de fortuna trotamundos que se mete en todos los líos que encuentra para salir siempre airoso. Aparece por primera vez como personaje secundario de la tira *Wash Tubbs* en 1924, y se convierte en protagonista de su propia serie en 1929, justo cuando la historia empieza a cambiar otra vez.

El jueves negro y los héroes de papel

El jueves 24 de octubre de 1929, pasó a la historia como 'El Jueves Negro'. La bolsa de Nueva York se desplomó, provocando el Crack del 29 y la consiguiente Gran Depresión que sacudió los cimientos de la economía, norteamericana primero y mundial casi de inmediato, y sumergió a la sociedad en una de las mayores crisis conocidas que desembocó en la catástrofe de la Segunda Guerra Mundial. Con más del 30 por ciento de la población en paro –que en algunas ciudades llegó a alcanzar casi el 80 por ciento, en 1932– una de las consecuencias de la depresión económica fue el hundimiento prácticamente absoluto de la incipiente industria del ocio que se reflejó en la quiebra de muchas empresas discográficas, el cierre de distribuidoras y el cambio de orientación en las salas de cine que sobrevivieron dedicándose a exhibir películas de evasión, creando sesiones dobles y ofreciendo productos complementarios –la venta de palomitas de maíz procede de esta época–. La prensa redujo sus tiradas y algunos dominicales desaparecieron, aunque las historietas resistieron bastante mejor que otros productos culturales, al tratarse de un género barato y de fácil acceso. Por esos días un marinero con pinta de bonachón despistado se está convirtiendo en una estrella de las tiras cómicas. Se trata obviamente de Popeye, el personaje inventado por Elzie Crisler Segar en *The New York Evening Journal* en enero de 1929. Nace como un personaje secundario de la tira cómica Thimble Theater, y pronto se hace célebre repartiendo bofetadas al obtuso Brutus y otros malvados, empecinados en molestar a su novia Olivia y su sobrino Cocoliso, en la versión española. Su nexo de unión con los superhéroes es esa dualidad de personalidades –el marinero bobalicón, con cierto aire de prematuro abuelete cascarrabias y heroico defensor de desvalidos– y su fuerza sobrehumana, que obtiene al comer espinacas, un alimento que popularizó en todo el mundo. Esta verdura elegida por la creencia errónea de que contenía mucho hierro y su elección como origen de la superfuerza del marinero, supuso un aumento de ventas tan significativo a principios de los años de la Gran Depresión, que la localidad de Crystal City, en Texas, dedicada al monocultivo de espinacas, le erigió a Popeye una estatua como muestra de agradecimiento. También en enero de 1929, pero al otro lado del Atlántico, en Bélgica, nace Tintín, el reportero eternamente adolescente creado por Hergé, que durante las siguientes décadas recorrerá el mundo junto a su perro Milú y su amigo el borrachín, Capitán Haddock, adecuando siempre sus aventuras al momento histórico y convirtiéndose en uno de los personajes más célebres del cómic de todos los tiempos.

De la jungla al espacio

1929 estaba destinado a acabar de una forma catastrófica, pero su principio fue una de las épocas más boyantes en la evolución del cómic porque además de Popeye y Tintín, el 7 de enero, llega a los quioscos Tarzán de los Monos, de Harold Foster, un dibujante de publicidad de 37 años, con un pasado como aventurero, boxeador y buscador de oro. La historia se publicó en las páginas de numerosos periódicos norteamericanos distribuida por United Feature Syndicate, y era una adaptación al lenguaje de las viñetas de la obra *Tarzan of the Apes*, que Edgar Rice Burroughs había escrito para la revista pulp *All Story Magazine* en 1912. El hombre de la selva, un ser completamente libre pero condenado a vivir al margen de la sociedad, dotado de unas cualidades físicas superiores a las de cualquier ser humano, preconiza también al superhéroe que está ya a la vuelta de la esquina. Para cerrar el círculo, Tarzán salió a la calle el mismo día en que hacía su debut otro clásico del cómic norteamericano, Buck Rogers. Este pionero espacial comienza también como un relato literario de ciencia ficción de Philip Nowlan, publicado en 1928 en la revista pulp *Amazing Stories*, en la que el personaje se llama, todavía, Anthony Rogers. Fue el presidente de la distribuidora editorial National Newspaper Service Syndicate, John F. Dille, quien tuvo la idea de encargar al dibujante Dick Calkins, la misión de convertirlo en un antecesor de los superhéroes. Dick Calkins era un antiguo aviador que había creado, junto a Lester J. Maitland, *Skyroads*, un revista ilustrada con historias de aviadores surgida ese mismo año de 1929, aprovechando la popularidad adquirida por la aviación tras el vuelo realizado dos años antes por el piloto Charles Lindbergh, el primero en cruzar el Océano Atlántico. El impacto de Buck Rogers en la historia del comic se debe más a su novedad que a su calidad y sirvió para abrir el camino a otros personajes de ciencia ficción, entre los que destaca de forma especial Flash Gordon, que aparecerá a mediados de la siguiente década, en plena eclosión del cómic policial y de aventuras.

CAPÍTULO 3
EL NACIMIENTO
DE LOS SUPERHÉROES

El cómic en la Gran Depresión

Durante los años treinta, los Estados Unidos, y por extensión el resto del mundo, sufrieron un retroceso económico que acabó con buena parte de los sueños de los locos años veinte y redujo a pedazos el llamado 'sueño americano' un concepto que se formula por primera vez precisamente en 1931 en la obra *American Epics*, del historiador James Truslow Adamson. La tierra de la grandes oportunidades se ha convertido en un país lleno de parados y vagabundos, el territorio de la abundancia se ha llenado de colas para recoger la sopa de la beneficencia y el país de la libertad se ve amenazado por el miedo de los ciudadanos y la ambición de los políticos corruptos y la delincuencia organizada. En dos años el poder adquisitivo se redujo a la mitad y el negocio del entretenimiento mermó y adquirió dimensiones más domésticas. La radio con sus seriales de Lone Ranger o The Shadow –dos personajes enmascarados– y sus conciertos musicales en directo, se convierte en la estrella de los hogares de clase media empobrecida, mientras los juegos de mesa causan un furor inusitado, con inventos como el del Monopoly, comercializado en 1935 por la empresa Parker Brothers, que sólo en la primera semana vendió 20 millones de unidades. En las novelas baratas y las revistas *pulp*, la fantasía y las historias románticas dejan paso al predominio de los relatos de corte policíaco de Dashiell Hammett, un antiguo detective y miembro del partido Comunista Americano, Raymond Chandler –un ex ejecutivo con problemas con el alcohol– o Ellery Queen, el seudónimo de Frederick Dannay y Manfred Bennington Lee, que dio nombre a una de las más famosas revistas de misterio.

Policías y ladrones

En el mundo del cómic los drásticos cambios sociales producidos por la prolongada crisis económica provocan también cambios en las preferencias del público respecto a las historias de las tiras cómicas. Después de años de contenidos humorísticos de tintes surrealistas, los lectores se decantan ahora por las historias de fantasía heroica, acción y mucho género policíaco. La dura realidad cotidiana impone un tipo de evasión en la que la sátira está envuelta en argumentos más cercanos a las propias noticias cargadas de violencia y conflictividad. En octubre de 1931 Chester Gould publica en el diario *Chicago Tribune* la primera aventura de su personaje, Dick Tracy, un detective caricaturesco en el que impera la acción y que se mueve en el ambiente del hampa surgida durante los largos años de corrupción creada por la ley seca. Su impacto fue tremendo y seis años después tenía su propio serial de radio y su propia serie de cortos cinematográficos. La popularidad de Dick Tracy trajo una época del florecimiento de cómics de acción policial como Radio Patrol, de Eddie Sullivan y Charles Schmidt, publicado en 1933, Red Barry, el personaje de Will Gould que vio la luz en 1934 o Agente secreto X-9, creado ese mismo año por Alex Raymond con guiones de Dashiell Hammett. En el apartado de los héroes aventureros, aparece Terry y los piratas, de Milton Caniff, una obra realista de gran trascendencia en el desarrollo de las historietas para adultos.

Ciencia ficción y tecnología

En el camino hacia la creación de los cómics superhéroes, en enero de 1934 se produce un importante paso adelante con la aparición como página dominical de Flash Gordon, creado por el guionista Don Moore y el dibujante Alex Raymond. El primero y más longevo héroe de masas de la ciencia ficción, surgido de los lápices de Alex Raymond y los guiones de Don Moore y Harry Harrison, es un famoso jugador de fútbol americano que junto a su novia, Dale Arden, aterriza en el planeta Mongo para impedir que el tirano Ming el Despiadado invada la tierra. Su inmediata popularidad le convertirá en un icono de la cultura popular del siglo xx, difundido a través del cine, la televisión, los dibujos animados y la radio, donde en 1935 tendrá su propia radionovela, un género cada día más popular y que se revela como un medio perfecto para incrementar la fama de los personajes salidos de las tiras de cómic. Los programas de radio se habían convertido en el medio de difusión más importante. En 8 de cada diez hogares urbanos norteamericanos había un aparato que emitía una programación basada en programas cómicos, seriales radiofónicos y mucha música popular, otro de los grandes géneros culturales del siglo xx que por esos días comienza a afianzarse. Precisamente, en enero de 1936, la revista neoyorquina *Billboard,* que se dedicaba desde finales del siglo xix a la información sobre todo tipo de espectáculos, publica la primera lista de éxitos musicales del mundo y que sigue siendo la principal referencia del negocio discográfico.

The Phantom, el pionero de una nueva era

El arquetipo físico del superhéroe nace con The Phantom, un personaje con todos los atributos necesarios, máscara y traje ajustado incluidos, que no lleva el título oficial de primer superhéroe porque, a pesar de su prodigiosas capacidades físicas, no tiene superpoderes ni procede de ningún lugar remoto y desconocido de la galaxia, algo que poco más tarde, con el nacimiento de Batman –que también es un millonario guapo y rico con una doble vida como justiciero– no será ningún impedimento para figurar con letras de oro en el olimpo superheroico. El Fantasma, o El Hombre Enmascarado, como también es conocido en las ediciones en castellano, nace en una época histórica inestable y de cambios vertiginosos que exigen héroes populares más imaginativos pero más próximos, adalides más combativos contra el mal que intenta atenazar al mundo.

El mismo día que The Phantom aparece en los quioscos, el 17 de febrero de 1936, la revista *Time* publica en su portada una foto de la directora de cine y fotógrafa oficial del régimen nazi, Leni

Riefenstahl, esquiando con un ligero atuendo deportivo. El auge del nazismo es evidente pero el mundo en general, y los Estados Unidos en particular, lo viven con una despreocupación que es producto de los vientos de mejoría económica que recorren el país. En Ohio se inaugura el primer edificio completamente recubierto de cristal y y en Clark County, Nevada, se completa la construcción de Hoover Dam (La Presa Hoover), la obra pública más mastodóntica construida durante los años de la Depresión y la productora cinematográfica Warner Bros. acaba de estrenar *I Wanna Play House*, su primera película de animación. Son los años del New Deal, el nuevo trato con el que se conoce el plan de choque económico para acabar el paro generalizado y la quiebra financiera, puesto en marcha por Franklin Delano Roosvelt, que ese año es reelegido como presidente de los Estados Unidos, que comienzan a vislumbrar la salida del largo túnel de la Gran Depresión.

El personaje del Fantasma fue creado por Lee Falk a raíz de un encargo del King Features Syndicate, la agencia de prensa del grupo Hearst tras el éxito obtenido por las tiras de Mandrake el mago, un personaje creado también por Falk dos años antes con dibujos de Phil Davis. Se trataba de un elegante ilusionista e hipnotizador, inspirado en un personaje real del mundo del espectáculo, Leon Madrake mago de vodevil famoso en los años treinta. El mago de Lee Falk se dedicaba más a combatir el mal encarnado por villanos dotados de poderes mágicos y sus hazañas le convirtieron en uno de los personajes más populares de las tiras de prensa y propició la aparición de The Phantom, a quien se encargó de dibujar Ray Moore, ayudante por aquel entonces de Phil Davis.

Una saga familiar de enmascarados

El Hombre Enmascarado es el último de una saga que comenzó a finales del siglo XIX, cuando un mercante inglés es atacado por los piratas Singh y el único superviviente, hijo del capitán del barco, alcanza a nado la costa y jura sobre la calavera del asesino de su padre que él y sus descendientes combatirán la piratería, la maldad y la injusticia donde quiera que se hallen, y que sus descendientes continuarán su juramento. Cuando un Fantasma muere, su hijo hereda el traje y la máscara, perpetuando así la idea de que es el mismo hombre a través de los siglos y creando la leyenda, entre piratas y nativos, de un único Fantasma vengador que nunca muere. Es el Espíritu que Camina, un justiciero que lucha contra el mal en cualquier rincón del mundo y que tiene su base secreta en un país ficticio llamado Bangalla, que comenzó ubicado en algún lugar de la costa asiática y acabó situado en la costa oriental africana.

Después del noviazgo más largo en la historia del cómic (y probablemente en cualquier otra historia) más largo que se conoce, Kit Walker XXI, se casó con Diana Palmer en 1977. Dos años después nacieron los gemelos Kit y Heloise, perpetuando la saga. Diana Palmer, la novia, esposa y madre del futuro Fantasma –que de todo ha sido a medida que avanzaba la historia del personaje– ha sido presentada habitualmente como una mujer adelantada a su tiempo, por su actitud liberal y proto feminista. Aunque eso es cierto si se la compara con la generalidad de los mujeres de los años treinta, también es igual de cierto que representa a un tipo de mujer, escasa en número pero importante en influencia, que comienza a destacar durante la última parte de los locos años veinte y el principio de los treinta. Diana es una mujer muy alejada del tópico de chica en apuros que suspira por ser rescatada por su héroe idolatrado, aunque ese fuese el final más habitual de sus peripecias. Trabaja para la Sociedad de Naciones, es culta, independiente y aventurera. Palmer es aviadora como Amelia Earhart, que en 1928 se convirtió en la primera mujer en cruzar el Atlántico; es inteligente como Lady Hay Drummond-Hay, periodista y una de las primeras corresponsales de guerra, y es una avezada viajera, como la exploradora Freya Stark, que recorrió Oriente Medio y en 1927 encontró Alamut, la fortaleza de la secta de los *hashashin* (los asesinos).

Las habilidades sobrehumanas del Fantasma han seducido al público durante más de cinco generaciones y cuando murió Lee Falk, en 1999, Tony DePaul se hizo cargo de los guiones. Tanto Marvel como DC realizaron adaptaciones del personaje a finales de los años ochenta. Actualmente sigue publicándose y ha sido adaptado a la literatura, la radio, el cine y la televisión. Además ha protagonizado sendos musicales en Suecia y Noruega, país en el que durante la Segunda Guerra Mundial sus historias fueron introducidas de contrabando y su nombre fue usado como consigna secreta por el movimiento de resistencia contra los nazis.

Superman, el primer superhéroe en un mundo en conflicto

En junio de 1938, mientras las tropas nazis invaden Checoslovaquia, Howard Hughes establece un nuevo récord completando un vuelo de 91 horas en avión alrededor del mundo y Orson Wells crea el pánico en varias ciudades de los Estados Unidos con una presunta invasión extraterrestre al transmitir una adaptación radiofónica de *La guerra de los mundos*, de H. G. Wells, aparece en los quioscos el número uno de la revista *Action Comic*, en cuya portada un personaje con un ajustado traje azul, una capa roja y una S amarilla en el pecho, levanta sobre su cabeza un coche mientras un grupo de personas huye aterrorizada. En la primera página el escritor de historietas Jerry Siegel y el dibujante Joe Shuster presentaban a un nuevo personaje llamado Superman, un bebé capaz de levantar un sillón con una mano y, una vez convertido en adulto, ganar a la carrera a un tren a toda velocidad.

Para explicar tales proezas comparaban sus capacidades físicas con la fuerza de las hormigas y la capacidad de salto de los saltamontes y presentaban a su personaje como «El campeón de los oprimidos. La maravilla que ha jurado dedicar toda su existencia a ayudar a quienes lo necesitan». En esta primera aparición el superhéroe detiene a una asesina, vapulea a un maltratador, hace el ridículo con su compañera de periódico Lois Lane en su personalidad de Clark Kent para salvarla luego de unos raptores, convertido en Superman y le ajusta las cuentas a unos políticos corruptos. Son unas hazañas insospechadas para un personaje de las historietas de aquellos tiempos y tienen un impacto tal entre el público que multiplicó las ventas de la revista *Action Comics*, que hasta el momento era solo una publicación más que incluía aventuras de personajes como Chuck Dawson o Tex Thompson, unos vaqueros del oeste, el viajero veneciano Marco Polo, el boxeador 'Pep'

Morgan, el reportero Scoop Scanlon, el mago Zatara, o la historieta cómica Sticky-Mitt Stimson. Sin embargo nada hacía prever el
millonario éxito comercial que traería el primero de los superhéroes. La revista que en 1928 valía diez centavos –y por la que sus
autores cobraron 130 dólares– acabaría cotizándose en cifras que
superan los tres millones de dólares.

Un nuevo mito para nuevos tiempos

Los Estados Unidos estaban entrando en una etapa de bonanza
económica después de una década de brutal depresión económica. En los cines, Disney estrenaba *Blancanieves y los siete enani-
tos*, comenzaban a venderse unos nuevos electrodomésticos llamados televisores –de los que hay poco más de 9.000 en todo el
país–, el químico Roy J. Plunkett descubre el teflón, un material
altamente resistente al calor que será muy popular convertido en
sartén, se fabrican los primeros cepillos de dientes hechos con

nailon y todo el mundo mira con recelo al espacio, donde ese año son descubiertos más de cien nuevos asteroides y de donde ha venido el meteorito de meteorito de 450 toneladas que ha caído a 20 km encima de la ciudad estadounidense de Chicora, en Pensilvania. Parecen los días propicios para el nacimiento de un superhombre venido del espacio, que se convertirá en un héroe nacional con una absoluta e inquebrantable fe en el bien, la justicia y el *American Way* (el modelo de vida norteamericano). Un nuevo mito nacional acaba de nacer para convertirse en un fenómeno de masas y un icono cultural del siglo xx.

Pero en realidad las cosas no habían sido tan fáciles como se podría suponer. Siegel y Shuster tardaron seis años en vender Superman, que fue rechazado inicialmente por todas las editoriales del país. La historia original apareció en 1933 en el fanzine *Science Fiction* y Superman era un villano poco agraciado y con poderes telepáticos. Inmediatamente Siegel reescribió el personaje, convirtiéndolo en un justiciero de doble personalidad inspirado en dos actores de moda: el galán aventurero Douglas Fairbanks y el cómico Harold Lloyd. Poco a poco, y con intervención de otros dibujantes como Tony Strobl, Mel Graff o Russel Keaton, el personaje se fue definiendo con inspiraciones en héroes del cómic de ciencia ficción como Flash Gordon y escenarios como los de la película *Metrópolis*, de Fritz Lang. Tras ser rechazado por las principales distribuidoras editoriales, como National Allied Publishing o United Feature Syndicate, Siegel y Shuster se lo ofrecieron al editor Max Gaines, que en principio también lo rechazó, pero acabó convirtiéndolo en la historieta principal de la revista *Action Comic*, que la National Allied Publishing estaba intentando componer a toda prisa con material sobrante de otras publicaciones. Un año después Superman tenía su propia revista y comenzaba su escalada hacia el olimpo de los dioses de la cultura popular.

Un patriota inmigrante

En un principio el Hombre de Acero estaba rodeado de una aureola de paladín de las causas populares, defensor de los más débiles y los más pobres, algo que se debía tanto a las ideas progresistas de sus autores como al espíritu social del New Deal, la política que el presidente Roosevelt estaba aplicando para salir de la larga y profunda crisis económica. El espíritu de modernidad que recorre el país después de una década de estancamiento –en 1939 se realizaron la Feria de San Francisco y la Feria Mundial de Nueva York, para mostrar «los avances del mundo del mañana» a 26 millones de personas– tiene su reflejo en el superhéroe, cuyas motivaciones sociales, políticas y filosóficas han sido analizadas desde todos los ángulos posibles. Una de ellas es su carácter de inmigrante. Kal-El –el nombre kryptoniano de Superman– procede de un mundo exterior devastado por la guerra, lo que tiene su reflejo en el momento histórico que viven los Estados Unidos, a donde entre marzo de 1938 y septiembre de 1939 llegaron 85.000 refugiados judíos huyendo de la persecución a la que eran sometidos por los nazis en Centroeuropa. Los propios Siegel y Kubert era hijos de inmigrantes judíos, lo que también dio pie a la consideración de Superman como una especie de moderno Moisés, al que sus padres salvan de la muerte enviando a otro mundo para que se convierta en su guía y protector. Acogido por un matrimonio sin hijos. John y Martha Kent, de una pequeña ciudad del medio oeste norteamericano, se convierte en un adolescente tímido, un buen chico aficionado a las aventuras de los tebeos que descubre, entre asustado y fascinado, sus superpoderes a los que aplica el estricto código moral de la clase media norteamericana de los años treinta y cuarenta, convirtiéndolo en los que muchos han denominado como «el gran boy scout».

Poco a poco la sensibilidad liberal y las motivaciones sociales de Superman van siendo sustituidas por un creciente espíritu patriótico de defensa de los ideales norteamericanos frente a la amenaza exterior de los totalitarismos fascistas y comunistas. El

1 de septiembre de 1939 comienza la Segunda Guerra Mundial, en la que Estados Unidos entrará de lleno dos años y tres meses después, arrastrando al superhéroe a una fiebre de patriotismo que le convertirá en un adalid de la democracia y uno de los mejores vendedores de bonos de guerra. En 1940 se convierte en una de las estrellas del desfile del Día de Acción de Gracias de Nueva York y ese mismo año su primer serial radiofónico, *The Adventures of Superman*, lo convierte en un personaje popular en todos los hogares del país con su famosa presentación «It's a bird! It's a plane! It's Superman!». Por aquel entonces sus aventuras se publicaban en dos revistas, *Action Man* y *Superman*, y en más de trescientos periódicos. En 1942 la Marina decide que los cómics del Hombre de Acero formen parte del suministro básico de los soldados que combaten en el Pacífico. Tras la guerra sus historietas se venden por cientos de miles y sus ingresos son millonarios, no sólo por la venta de publicaciones, sino por la inmensa cantidad de objetos con su imagen, desde carteras escolares, bolígrafos, bicicletas, tazas, prendas de ropa o cualquier otro objeto de consumo, algo que sin embargo no alcanzó a sus creadores que habían vendido los derechos por 130 dólares y un contrato para suministrarle material al editor y que acabaron viendo como los beneficios millonarios iban a parar a otros bolsillos. La situación degeneró tanto que en 1975, despúes hacerse pública la penosa situación en la que vivían Siegel y Shuster, la empresa Warner Communications, propietaria por entonces de los derechos, les concedió sendas pensiones vitalicias de 20.000 dólares anuales.

La pervivencia de un icono cultural norteamericano

La enorme capacidad de influencia en las masas de los medios de comunicación y entretenimiento, demostrada por Orson Wells y su transmisión de *La guerra de los mundos*, tendrá en los cómics de Superman uno de su primeros bancos de pruebas, poniéndolo al servicio del sueño americano y enfrentándolo a todas las amenazas exteriores e interiores. Durante las dos décadas siguientes a su aparición, su imagen será asociada a la supremacía cultural que los Estados Unidos impondrán con la implantación mundial de la sociedad de consumo y el dominio de los *mass media*.

A lo largo de sus 79 años de vida, Superman ha pasado por el esplendor del *American Way Of Life*, la caza de brujas del macartismo, la crisis del petróleo y la revolución informática. Ha conocido a 14 presidentes de los Estados Unidos, ha visto a su país metido en más de una decena de guerras y conflictos internacionales, de Corea a Afganistán, ha sido testigo de la llegada del hombre a la Luna, ha visto caer el muro de Berlín y las Torres Gemelas de Nueva York, y ha ido adaptándose a todos los cambios manteniéndose en la cima de un negocio, el del entretenimiento juvenil, que él mismo contribuyó a crear. En los años sesenta su figura como representante de la excelencias del capitalismo fue puesta en duda por superhéroes más críticos y más pegados a la realidad cotidiana, en los setenta fue criticado como el portaestandarte del imperialismo norteamericano, en los ochenta fue satirizado por autores de cómic como Alan Moore o Frank Miller y en los noventa fue remodelado de arriba abajo –incluso se casó con Lois Lane en 1996– para volver a hacerlo competitivo en un mercado, el de los cómics, que estaba perdiendo fuelle a marchas forzadas.

El primero de los superhéroes, ha muerto y ha resucitado. Ha protagonizado decenas de películas, series de televisión, libros, canciones, campañas publicitarias e incluso sesudos análisis filosóficos y sociológicos que buscaban las claves de su influencia y permanencia como icono pop, entre los que destacada el realizado por el filósofo y experto en semiótica, Umberto Eco, en su obra *Apocalípticos e integrados,* publicada en 1964, en la que afirma que la figura del superhéroe permite al ciudadano medio albergar la ilusión de convertirse en algo similar a un superhombre enfrascado en la lucha contra el mal, convirtiéndolo en un individuo que «alimenta secretamente la esperanza de que un día, de los despojos de su actual personalidad, florecerá un superhombre capaz de recuperar años de mediocridad.»

CAPÍTULO 4
LA SEGUNDA GUERRA MUNDIAL Y LA EDAD DE ORO

El nacimiento de DC Comics

En marzo de 1937 sale a la calle una nueva publicación de historietas con la cabecera *Detective Comics*. El precio era de diez centavos y el dibujo de la portada era de Vincent Sullivan y representaba a Chi Lun, un siniestro malvado
chino creado por similar al Fuman-
chú creado por Sax Rohmer, y el interior estaba protagonizado por Slam
Bradley, un detective de la línea dura
del *hardboiled*, el género de detecti-
ves de las novelas pulp como las que
publicaba Dashiell Hammett. Era
una idea del editor Malcolm Wheeler-Nicholson y los autores del
guion y el dibujo eran Jerry Siegel
y Joe Shuster, los autores de Superman, que se publicaría un año
después. Jerry Siegel y Joe Shuster
ya habían creado otros personajes
jes como Doctor Occult, conoci-

do como el Detective Fantasma, y publicado en *New Fun Comics* en octubre de 1935 y que se convertiría en el primer personaje del entorno DC Comics que sigue existiendo actualmente en el universo DC. Aunque acabaría marcando un antes y un después en la historia de los cómics, los gastos de sus proyectos editoriales anteriores y el esfuerzo realizado para la publicación de este primer número de *Detective Comics* supuso un importante quebranto económico para Malcolm Wheeler-Nicholson, que tuvo que vender parte de su empresa editorial, la National Allied Publications, a su distribuidor, Harry Donenfeld, con el que montó una nueva empresa, Detective Comics, Inc.

Wheeler-Nicholson había comenzado editando en 1935 un tabloide llamado *New Fun: The Big Comic Magazine*, tras el que lanzaría *New Comics*, en la que ya empezó a trabajar con el formato de revista que preconizaba el *comic book*, y que pronto renombraría como *Adventure Comics*, una revista que duraría 48 años y que acogería el debut de personajes como Sandman, el señor del sueño de una serie de fantasía y terror creada por Neil Gaiman y que se convertiría en un superhéroe 25 años después en manos de Marvel; Starman, un superhéroe que tendría una decena de reencarnaciones distintas; o The Manhunters, la primera fuerza policial interestelar. Tras asociarse con Harry Donenfeld y montar DC Comics –como sería conocida en adelante la editorial aunque la denominación oficial no llegaría hasta 1977–, Malcolm Wheeler-Nicholson intentó mantener a flote sus otros títulos pero entró en bancarrota y Donenfeld acabó quedándose con todo justo antes de lanzar *Action Comics*, la revista en la que nacería Superman. La quiebra de Wheeler-Nicholson fue una más de aquellos revueltos tiempos económicos en los que las iniciativas empresariales aparecían y desaparecían en la inestabilidad económica que sufría el país.

Una época de crisis y conflictos

A partir de 1935, en lo que se llamó el Second New Deal, el Segundo Nuevo Acuerdo de la administración Roosevelt que extendió la Seguridad Social y creó una agencia nacional de ayuda a la construcción, la Administración de Progreso de Obras (WPA) la economía empezó a recuperarse y el paro descendió del 25% al 11% en 1937, año en el que se produjo una segunda crisis, con nuevos cierres de empresas, caída estrepitosa de la bolsa y aumento del desempleo hasta el 20%, de la que el país ya no se recuperaría hasta su entrada en la II Guerra Mundial y la puesta en marcha de la economía bélica que reactivó la industria hasta límites desconocidos hasta entonces.

El año del lanzamiento del primer número de Detective Comics, se caracteriza tanto por los conflictos laborales y raciales internos, como por la creciente tensión internacional. Hitler plantea abiertamente por primera vez su política de anexión de territorios por la fuerza, pero nadie en Estados Unidos se lo toma realmente en serio, excepto algunas organizaciones de izquierdas y los voluntarios norteamericanos del Batallón Lincoln que combaten en la Batalla del Jarama, en la Guerra Civil española, donde se lucha en primera línea contra las fuerzas del franquismo y sus aliados, los fascistas italianos y los nazis alemanes que bombardean la ciudad vasca de Guernica, arrasándola por completo. Pero las democracias occidentales no parecen demasiado dispuestas a involucrarse y prefieren seguir potenciando sus maltrechas economías y refugiándose en el consumo de productos de ocio y diversión. Los hermanos Marx estrenan *Un día en las carreras* y Fritz Lang *Sólo se vive una vez*, considerada una de las primeras películas del cine negro. El músico de jazz Benny Goodman, se convierte en el amo de los salones de baile con su frenético tema «Sing, Sing, Sing» y la Warner Bros. estrena el corto de animación *Porky's Duck Hunt*, que supone la primera aparición de Porky y Daffy Duck, conocido por estos lares como el Pato Lucas. En los quioscos se pueden encontrar 20 cabeceras de cómics distintas.

Los reyes de la Golden Age

Algo que distinguió a DC desde sus orígenes fue su agresiva política hacia otras editoriales como Fox Comics, a la que denunciaron por plagio a causa de su personaje Wonder Man, creado por Will Eisner en mayo de 1939, o Fawcett Comics, demandada por los mismos motivos a causa de la creación de Capitán Marvel, de Bill Parker y CC Beck. En ambos casos DC obtuvo sentencias favorables, aunque discutidas, y acabó abocando a la desaparición a la competencia. DC Cómics se convertirá en una de las mayores corporaciones mundiales del negocio del entretenimiento y protagonizará de una forma casi absoluta –con permiso de Timely Comics– la Golden Age, la Edad de oro de los cómics que comienza en 1938 con la aparición de Superman y finaliza en 1950. A lo largo de su historia creará más de 20.000 personajes, superando en más del doble a su eterna rival, Marvel, con quien mantendrá un eterno pulso que llega al día de hoy. Miles de *comic book* han lucido su logotipo desde que apareció por primera vez en los números de abril de 1940. Pasó por una grave crisis en los años cincuenta, provocada por el cansancio de sus personajes y la excesiva simplicidad de sus historias y se recuperó a finales de esa década para ser ensombrecida por los nuevos personajes lanzados por Marvel durante la llamada Silver Age. En 1976 fue comprada por la compañía Warner Communications –actual Time Warner– comenzando a alejarse de su línea clásica y sufrió una nueva y lenta decadencia, para remontar de nuevo en los años ochenta, cuando se abrió a publicaciones que se alejaban completamente de la concepción tradicional de los superhéroes, con historias como V de Vendetta o Watchmen. A principios de los noventa DC pasó por una etapa de repunte económico gracias sobre todo al tirón de las películas protagonizadas en la década anterior por su primer superhéroe, una permanente revisión de sus personajes a través de la nueva línea editorial Vertigo y una agresiva política de compra de historias populares de editoriales de la competencia, que fue el preludio de una nueva crisis financiera. A finales del siglo xx y principios del xxi, la diversificación de sus productos, con publicaciones ajenas al universo de los superhéroes –como la línea de manga y cómic europeo que lanzó en 2004 con el sello cmx–, y una masiva migración de sus personajes al mundo del cine, DC logró recuperar buena parte de su pasado esplendor. En 2016 su cuota del mercado de cómics era de un 29,47 %, 7, 29 puntos por debajo de Marvel y a enorme distancia del resto de editoriales. A día de hoy, *Detective Comics*, la revista que levantó este emporio, con más de 800 números editados mensualmente de forma ininterrumpida, es la publicación de cómics más larga de la historia y demuestra la permanencia y protagonismo de los cómics de superhéroes en la cultura de masas.

Batman y la eclosión de los superhéroes

El vengador sin superpoderes, el famoso Caballero Oscuro, aparece por primera vez en la revista *Detective Comics nº 27*, en mayo de 1939, un año cargado de vientos de guerra. Ese mes la unidad de aviación nazi Legión Cóndor, regresa a Alemania tras su participación en la Guerra Civil española, definitivamente perdida para la República y que vive sus últimos días mientras el mundo se prepara para el estallido de un conflicto de proporciones como nunca la humanidad había conocido antes y que comenzará el uno de septiembre de ese año con la invasión de Polonia por el ejército alemán. Los cines norteamericanos se llenan de películas míticas como *Stagecoach* (*La diligencia*), de John Ford, la película que catapultará a la fama a un joven actor llamado John Wayne, *Gone*

With The Wind (*Lo que el viento se llevó*), de Victor Fleming o *The Wizard of Oz* (*El mago de Oz*), de Victor Flemming. En las radios suena «Strange Fruit», la canción de Billie Holiday que supone un duro alegato de protesta contra los linchamientos de negros en el sur del país y Raymond Chandler publica *El sueño eterno*, la novela protagonizada por el encallecido y descreído detective Philip Marlowe, modelo de futuros personajes del género negro. Son tiempos duros en los que la inocencia es un lujo que nadie puede permitirse y quizá por eso el dibujante y guionista Bob Kane, crea un superhéroe completamente distinto, menos optimista –por no decir abiertamente más torturado– a su colegas aparecidos hasta entonces. Frente al concepto de superhéroe salvador, Batman es un superhéroe vengador, o más bien, vengativo.

En realidad Kane no era el creador exclusivo del personaje. Vin Sullivan, editor de National Comics Publications, germen de DC, le había encargado un personaje a imagen y semejanza de Superman para explotar el filón abierto por el Hombre de Acero, y Kane le enseñó los primeros bocetos a su colaborador, el guionista Bill Finger, que no sólo colaboró escribiendo las primeras historias, sino que intervino decisivamente en el diseño final de personaje, que Kane había dibujado inicialmente con un traje rojo, un antifaz negro, una capa y unas alas negras pegadas a los brazos. De Finger es la idea de la capa de murciélago, el color gris y esos inquietantes ojos blancos detrás de la máscara. Pero Kane ya había vendido su idea de un protagonista llamado Batman a National Publications y dejó a Finger fuera de los créditos y las menciones como autor, que Bob asumió en solitario durante muchos años. Pasarían casi cuatro décadas hasta que se dignase a admitir que Bill había tenido «una contribución importante» en la creación del personaje. De hecho, Finger falleció en 1974 sin ver oficialmente reconocida su participación en la creación del famosísimo hombre murciélago. En una especie de justicia de las divinidades superheroicas, Kane vio como a mediados de los años sesenta su nombre desaparecía de los créditos para ser sustituido por los guionistas y dibujantes que se encargaban del personaje en sus distintas etapas, en cuyas aventuras no volvió a figurar como creador hasta una década después.

Millonario y triunfador

El éxito de Batman es inmediato, a pesar de no parecerse en nada a la petición original de un sosias que imite a Superman, o quizá precisamente por eso. Su imagen es mucho más atrevida y vanguardista y su personalidad mucho más compleja y torturada. El alter ego de Batman, Bruce Wayne, es un empresario multimillonario y filántropo, un miembro de la jet set de Gotham City, la megápolis corrupta, violenta y habitualmente oscura que sirve de escenario a sus andanzas. Siguiendo con la línea iniciada por Superman y que continuará con los superhéroes más destacados de los años venideros, Wayne es huérfano, pero su caso inaugurará la línea de huérfanos a causa de la violencia delictiva, del mal que jurará combatir a lo largo de su vida –en un paralelismo diáfano con otras grandes estrellas superheroicas como Spiderman o Daredevil. Testigo del asesinato de sus padres cuando era pequeño, jura vengarse en todos los delincuentes que se lo pongan a tiro y comienza un largo entrenamiento bajo los auspicios de su mayordomo y consejero Alfred Pennyworth, quien mantiene en funcionamiento su cuartel general, la Batcueva y toda la tecnología que permite al joven millonario convertirse en el implacable justiciero. Porque Batman no tiene superpoderes, sino que sus capacidades especiales le vienen de su dinero, que le permite comprar la tecnología de última generación con la que fabricar el traje y las armas que le convierten en prácticamente invencible e invulnerable.

A principios de los años cuarenta sus tiradas superan los 800.000 ejemplares. En sólo un año Batman se codea de tú a tú con la gran estrella de DC y aparece compartiendo con Superman la portada de la revista de julio de 1940 *New York World's Fair Comics*. Doce años después protagonizarán su primera aventura juntos en el número 76 de la revista *Superman*, en el que Clark Kent y Bruce Wayne tendrán que compartir camarote en un crucero e inevitablemente descubren sus mutuas personalidades secretas, sellando un pacto de por vida. Será la primera de muchas colaboraciones que la editorial publicará para rentabilizar al máximo el tirón comercial de sus personajes, que a principios de los años cincuenta han comenzado a perder buena parte de las ventas que tenían durante la guerra. El público busca evasión en otros géneros de acción menos fantasioso como el cómic bélico, el western e incluso los melodramas amorosos y los superhéroes pasan por horas bajas. Por si fuera poco, la ola de conservadurismo que se impone en Estados Unidos se ceba con los cómics a los que consideran culpables de todos los males que afectan a la juventud, una tesis defendida especialmente por el psiquiatra Fredric Wertha, en su obra *La seducción del inocente*, que acabaría provocando la creación de un código de censura, el Comics Code, al que nos referiremos más adelante. Sobre Batman recaían sospechas de homosexualidad por su relación con su principal compañero, el adolescente Robin, algo que le perseguirá toda su vida, a pesar de que una de las características de Bruce Wayne es su comportamiento de play boy y sus numerosos líos sentimentales. Su lista de novias y amantes incluye desde Kathy Kane, la primera Batwoman, a periodistas como Vicky Vale, la supervillana Talia al Ghul, la bella y millonaria Linda Page, la Jezebel Jet, e incluso ha tenido alguna aventura esporádica con la sofisticada Wonder Woman.

A mediados de los sesenta su popularidad decaerá tanto, que DC se planteará incluso su desaparición, cosa que obviamente no se produjo y permitió su supervivencia, sobre todo a través de las series de televisión y su recomposición en 1986 con la obra *Batman: The Dark Knight Returns*, de Frank Miller, que le dio literalmente una nueva vida al personaje y lo convirtió de nuevo en un éxito de ventas por primera vez en décadas, algo a lo que ha contribuido decisivamente sus reiterados éxitos en las pantallas de cine, gracias a los que El caballero oscuro sigue siendo uno de los miembros principales del olimpo de los superhéroes con casi 80 años de vida.

Tormenta de superhéroes

El año de aparición del Caballero de la Noche, 1939, es un año marcado con letras de oro en la historia de los cómics también por la eclosión de superhéroes. El aumento de la llamada al patriotismo creado por la situación pre bélica y el éxito obtenido por Superman, aparecido el año anterior, provoca que las editoriales de cómics y revistas populares se lancen a crear una multitud de personajes con poderes y doble identidad empeñados en luchar por la justicia y la libertad. En abril, sólo unos días antes que Batman, aparece el primer superhéroe mutante de la historia y señor de los océanos, Namor, en *Motion Picture Funnies Weekly*, una publicación en blanco y negro que se repartía gratuitamente en los cines. Seis meses después fue publicado en color el primer número de *Marvel Comics,* la revista que acabará dando nombre a la modesta editorial que la publica, Timely Comics. En esa revista aparecerá también Human Torch (La Antorcha Humana), un androide más bien intrascendente que prácticamente sólo comparte el nombre con el miembro de los futuros 4 Fantásticos.

Un mes después de Batman, la revista *Wonderworld Comics,* del Fox Feature Syndicate, lanza The Flame, un superhéroe efímero –la revista quebró dos años después de su aparición– creado por Will Eisner junto al dibujante Lou Fine. Es en el entorno de las publicaciones de DC Comics, donde se produce la mayor proliferación de superhéroes que inaugura la llamada Golden Age, la Edad de Oro de los cómics. En enero de 1940 aparece The Flash, creado por el escritor Gardner Fox y el ilustrador Harry Lampert, un héroe más veloz que la luz que fue muy popular en los cuarenta para languidecer y ser recuperado con una nueva personalidad a finales de los cincuenta, con la Silver Age. Un mes más tarde nace Captain Marvel, la competencia de Superman dentro de su propia casa, otro huérfano de padres asesinados al que un hechicero otorga superpoderes que se activan cuando pronuncia la palabra Shazam –nombre del personaje a partir de su recuperación a principios de los 79, después de que la editorial Marvel se quedara con los derechos del nombre– creado por el guionista Bill Parker y el dibujante Clarence Charles Beck. En el mes de julio le llega el turno a Green Lantern, del guionista Bill Finger y el dibujante Martin Nodell, que aparece en la revista *All-American Comics*, que tendrá nueve reencarnaciones distintas en sus cinco décadas de vida. En agosto aparecen Aquaman, la competencia de Namor, de Mort Weisinger y Paul Norris, y Plastic Man, un elástico predecesor de Mr. Fantástico, creado por Jack Cole y publicado en *Quality Comics*, una publicación que acabaría siendo absorbida por DC Comics 15 años más tarde. El año 1940 se cierra con la aparición del primer equipo de superhéroes de la historia, la Sociedad de la Justicia de América, en la revista *All Star Comics Nº 3*. La lista de personajes enmascarados y superpoderosos seguirá creciendo en los primeros años de los cuarenta buscando repetir el éxito de Superman, algo a lo que, por el momento, solo se acercará Batman y que solo se volverá a repetir dos décadas más tarde con los superhéroes de Marvel, la editorial que surgirá de Timely Comics, la empresa creada en 1939 por Martin Goodman, y que será la cuna del superhéroe más emblemático de los terribles años de guerra mundial que se avecinan: el Capitán América.

El Capitán América y la lucha contra el nazismo

En marzo de 1941 Franklin D. Roosevelt acaba de renovar su mandato por tercera vez y lo inaugura firmando un pacto de pleno respaldo y apoyo económico a los aliados, que por entonces

estaban acorralados en casi todos los frentes por los nazis, que se paseaban por París como por su casa y mantenía a Londres sumida bajo el terror de las bombas. La maquinaria militar norteamericana está en pleno desarrollo. Esa misma primavera la Armada realiza pruebas con los primeros aviones a reacción y las fábricas producen tanques, aviones y buques de guerra a un ritmo cada vez más acelerado, mientras la Segunda Guerra Mundial se extiende por todo el mundo. Faltan ocho meses para que los Estados Unidos declaren la guerra a Japón y entren en el mayor conflicto bélico de la humanidad que se cobraría 400.000 vidas norteamericanas y más de 40 millones en todo el mundo. La principal contribución del mundo del cómic al rearme es la llegada a los quioscos del número uno de *Captain America Comics*, un personaje con un traje y un escudo con los colores de la bandera americana, creado por el dibujante Jack Kirby y Joe Simon, guionista y editor de Timely Comics, una modesta compañía que afilaba sus armas para convertirse más tarde en la todo poderosa Marvel. La portada de este primer número no dejaba lugar a dudas sobre las intenciones del superhéroe: aparecía dándole un puñetazo al propio Adolf Hitler. La idea de un personaje superpatriótico era de uno de los propietarios de la editorial, Martin Goodman, que era familiar de Stan Lee, y tampoco era una idea novedosa del todo. Más bien parecía una copa de The Shield, creado por Archie Comics un año antes. Pero al Capitán América era el superhombre adecuado, en el momento adecuado, y se convirtió en el personaje más popular de la editorial Timely Comics durante la guerra. Era un súper soldado, patriótico y furibundamente antinazi –no en vano su creador Joe Simon era judío–, como demostraban sus primeras aventuras, en las que combatía contra las tropas nazis y una serie de secuaces como Cráneo Rojo, el malvado jefe de una banda de espías y saboteadores a sueldo de los alemanes. El Capitán América luchaba siempre acompañado de su fiel Bucky Barnes, un muchacho sin superpoderes, pero sobrado de patriotismo y ganas de pelea.

Cien por cien norteamericano

Durante la guerra el capitán lucha al lado de Los Invasores, un equipo de superhéroes integrado por Namor el Príncipe Submarino, un androide llamado Antorcha Humana (no confundir con el personaje de los Fantásticos), Toro, Zumbador y Miss América, además de otra pléyade de superhéroes creados durante el conflicto como arma propagandística, como Thin Man. O los británicos Spitfire y Union Jack, con los que formaba el supergrupo aliado Legión de la Libertad. Su alter ego era un joven llamado Steve Rogers, que tras ser rechazado por el ejército a causa de su debilidad física, adquiere poderes especiales a causa del suero que le inyecta un científico del gobierno norteamericano que acaba siendo asesinado, llevándose a la tumba el secreto del susodicho suero. Bajo su identidad humana Rogers es el típico soldado torpe, lo que evita sospechas de sus compañeros y facilita sus esporádicas desapariciones del campamento. Tras la guerra –donde participó incluso en la liberación del campo de concentración de Diebenwald, descubriendo el inmenso horror del exterminio de los judíos a manos de los nazis– Rogers regresa a casa y cuelga el uniforme, pero el Capitán América vuelve a reaparecer para combatir una nueva amenaza: el comunismo de la Unión Soviética.

Es uno de los superhéroes con mayor carga simbólica, empezando por su uniforme y pasando por sucesivas adaptaciones a la realidad política norteamericana. Al igual que les sucedió a muchos soldados, el final de la guerra trajo el olvido de las heroicidades por parte de una sociedad que quería olvidar el brutal conflicto. Con una vertiginosa caída de popularidad, el Capitán América desaparecerá en 1949 para reaparecer en 1953 como un azote de

comunistas, típico producto de la Guerra Fría y de la caza de brujas del senador McCarthy, y volver a desaparecer un año después
debido a su escasa popularidad. En 1964, seis meses después del
asesinato de John F. Kennedy en Dallas, Stan Lee y Jack Kirby decidieron resucitar al Capitán América, justo cuando el Presidente Lyndon B. Johnson obtenía la autorización del Congreso de
los Estados Unidos para actuar militarmente en Vietnam. Esa es
quizá su etapa más crítica con la política de su país, siguiendo la
corriente de opinión de la calle, que se oponía cada vez más claramente a la política imperialista de su país y reflejando problemas sociales como la lucha por los derechos de los afroamericanos o la liberación feminista. Durante los años de la presidencia
de Ronald Reagan recuperó su talante conservador, que volvió a
abandonar en los noventa para verse sacudido, junto al resto del
mundo, por el atentado del 11 de septiembre contra las Torres
Gemelas de Nueva York y se dedicó
a combatir el terrorismo internacional, sin perder de vista la lucha por
los derechos humanos, como en el
episodio de 2004 en el que se trasla-
da a la prisión de Guantánamo para
supervisar el juicio a un escritor iraní
encarcelado injustamente. La simbiosis
entre el Capitán América y el patriotismo
estadounidense es tal que un concejal
de la ciudad californiana de San José,
llamado Lan Diep, juró su cargo en
enero de 2017 sustituyendo la bi-
blia por el escudo del superhéroe,
afirmando que representaba perfectamente los ideales de su país.

Todos contra Hitler

Pero Steve Rogers y su alter ego no fueron los únicos superhéroes que combatieron en la Segunda Guerra Mundial. En las huestes de DC Comics destaca William Joseph 'Billy' Batson, más conocido como el Capitán Marvel, aparecido en el número de *Whiz Comics* de febrero de 1940, mientras la Unión Soviética atacaba Finlandia y los barcos de guerra de Inglaterra y Alemania mantenían una guerra sorda en todos los mares del mundo. Con guion de Bill Parker y dibujos de Clarence Charles Beck, las aventuras de este personaje incluyen a un archienemigo llamado Capitán Nazi, un joven que fue alterado genéticamente por su padre, un científico al servicio del Tercer Reich que lo convirtió en un supervillano a las órdenes de Adolf Hitler. Superman no podía mantenerse al margen de esta guerra, pero su participación más destacada tuvo lugar antes incluso de que su país se involucrase militarmente en el conflicto, en febrero de 1940, cuando la revista *Look* publica una historieta titulada *How Superman Would End the War* (Cómo terminaría Superman la guerra) en la que el Hombre de Acero captura a Hitler y a Stalin para que sean juzgados en la Sociedad de Naciones. Dos meses después la revista semanal de las SS, *Das Schwarze Korps*, publicaba un artículo titulado *¡Siegel ataca!*, en el que ridiculizaban a Superman afirmando que carecía de expresividad y sus rígidas poses de forzudo musculitos. A su creador Jerry Siegel le llamaban de todo, especialmente 'judío circuncidado', cosa que suponemos, no debió preocupar demasiado al escritor. Como ya hemos comentado antes fueron muchos los personajes como Namor, Union Jack o el propio Batman que lucharon en el frente de batalla.

La nómina de patriotas combativos incluye a personajes de lo más va-

riopinto, como Mr. America, también conocido como Americommando, creado por DC en 1938; Uncle Sam, aparecido en 1940 en *National Comics* de DC y que era la versión *comic book* del famoso Tío Sam usado como imagen de reclamo para alistarse; The Star-Spangled Kid, un adolescente superhéroe, Minute-Man, un militar enmascarado con las barras y las estrellas; American Eagle, un científico enfundado en un traje que remeda al águila del escudo estadounidense, creado por Standard Comics; Yankee Doodle Jones, un invento de la revista *Yankee Comics*, creado con restos de tres heroicos soldados norteamericanos fallecidos en la Primera Guerra Mundial; Captain Freedom, de Speed Cómics, y un largo etcétera que no debe hacernos olvidar a las chicas. Fueron muchas las superheroínas que plantaron cara al enemigo, y aunque a alguna de ellas nos referiremos un poco más adelante, justo es señalar aquí a algunas de sus mejores representantes como War Nurse, alter ego de la capitana inglesa Pat Parker, creada en 1941 por Brookwood Comics, una enfermera que se convierte en una superheroína sin poderes pero con gran capacidad para los manporros, que no renuncia incluir la cruz roja en su máscara. War Nurse forma parte de las Girl Commandos, un grupo de enmascaradas integrado por Ellen Billings, la compañera británica de Pat Parker, Tanya, fotógrafo y oficial del ejército soviético, 'Penny' Kirt, reportera de guerra norteamericana y Mei-Ling, una combatiente de origen chino.

Los cómics se convirtieron un instrumento de propaganda, al igual que toda la industria del ocio y hasta el propio Pato Lucas intervino en la contienda con el corto de animación *Daffy - The Commando*, estrenado por Warner Bros en 1943, en el que se enfrenta al comandante alemán llamado Von Vultur, y en el que aparecen tres monos caricaturizados por Hitler, Hirohito y Mussolini. Pero no sólo los personajes fueron a la guerra, sus creadores, la mayoría jóvenes en edad militar también acudieron al frente Will Eisner, el creador de The Spirit, se alistó en 1942 y usó sus habilidades como dibujante para crear manuales de instrucción en clave de humor para los reclutas. Jack Kirby se encargó de dibujar mapas de reconocimiento y Jerry Siegel fue a parar a un destino de oficinas. Allen Bert Christman, el dibujante de Sandman, se alistó al Grupo de Voluntarios de América para luchar en China y Birmania, donde murió al ser abatido el avión que pilotaba. La importancia de los cómics durante el conflicto se rastrea en la dato del canal de televisión History Chanel, que considera que durante la guerra se llegaron a vender más de 50 millones de ejemplares.

Wonder Woman.
La pionera feminista

El 30 de junio de 1940 el *Chicago Sunday Tribune* destacaba a cinco columnas que Alemania, Italia y Japón prometían ayudar

a Rumanía en su conflicto con la Unión Soviética, en otro de los azarosos vaivenes de los inicios de la Segunda Guerra Mundial y reseñaba además la inestabilidad política en México. Al final de la primera página, un pequeño recuadro anunciaba el obsequio de cuatro nuevos cómics a color. Entre ellos estaba Brenda Starr Reporter, de Dale Messick, que se presentaba así de tímidamente, pero que protagonizaría un momento importante en la historia del cómic. Brenda Starr es el reverso de Lois Lane. Ella también es una intrépida reportera del diario *Daily Flash*, pero en lugar de esperar a que la venga a rescatar el adorado Superman de turno, se las ingenia para salir airosa por sus medios de todos los líos y aventuras en que su trabajo la mete. Con un aspecto físico inspirado en la actriz Rita Hayworth, que por aquellos días acababa de estrenar su primer papel protagonista en la película *La dama en cuestión*, y un carácter fuerte y resolutivo, se convirtió en un éxito inmediato, especialmente en un sector cada vez más amplio del público femenino integrado por mujeres jóvenes, profesionales liberales de clase media, con ansias de independencia y sueños de aventuras. Pero si importante era el personaje, más lo era su autor, o mejor dicho, autora, porque la firma de Dale Messick ocultaba la de Dalia Messick, una empleada del periódico que diseñaba tarjetas de felicitación y que se convirtió en la primera autora de cómics en Estados Unidos.

La guerra está provocando cambios vertiginosos, las mujeres están siendo parte muy importante de esos cambios y eso tiene su reflejo en el mundo del cómic, o dicho en palabras de Anabel Vélez en su libro *Superheroínas*: «Los años cuarenta fueron un caldo de cultivo perfecto para los personajes femeninos en el cómic, era mujeres fuertes y poderosas las que tomaban protagonismo. La Segunda Guerra Mundial mantenía ocupados a los hombres. (...) Por primera vez hacían cosas que jamás una mujer había hecho: construían e incluso pilotaban aviones, conducían autobuses, trabajaban en fábricas armamentísticas... Hasta que los chicos volvieron a casa». Era el escenario perfecto para la aparición de la primera superheroína de verdad, lo que se produjo en diciembre de 1941 en las páginas de *All Star Comics nº8*, con la presentación de Wonder Woman, la creación de William Moulton Marston, Elizabeth Holloway Marston y el dibujante Harry George Peter.

Wonder Woman es la primera mujer en tratarse de tú a tú con sus musculados y testosterónicos compañeros. Puede volar, es inmortal, tiene super fuerza, factor de curación y super velocidad, es experta en lucha personal y además posee unos brazaletes a modo de escudo protector y un lazo mágico de la verdad con el que puede anular a sus enemigos haciéndoles confesar de plano. Sus superpoderes no tienen nada que envidiar a los de Superman y superan de largo las habilidades y capacidades de Batman, los otros dos pilares de la editorial DC. Su salida a la calle coincide con la entrada de los Estados Unidos en la Segunda Guerra Mundial tras el bombardeo de Pearl Harbour. La atractiva suprerheroína vestida con los colores de bandera norteamericana, comparte espacio en los quioscos con las imágenes del horror y la destrucción creados por el bombardeo sorpresa de Japón. Por eso entra dentro de toda lógica que Diana Prince, alter ego de Wonder Woman, comience siendo enfermera del Ejército para acabar convirtiéndose en oficial de inteligencia militar y regresar a la vida civil de la posguerra y emprender una nueva vida como mujer de negocios, miembro del personal de las Naciones Unidas e incluso astronauta. En su personalidad superheroica Diana era además princesa, concretamente Princesa de Themyscira, el antiguo pueblo griego en el que reinaba una raza de Amazonas donde adquirió sus poderes y desde donde recibe el encargo de su madre, la reina Hipólita, de volver a llevar a la Tierra al capitán Steve Trevor, cuya aeronave se estrella en la Isla Paraíso, el hogar de las Amazonas.

Rompiendo moldes

Desde entonces Wonder Woman ha luchado contra todo tipo de enemigos, imaginarios o reales. Combatió contra el fascismo en la Segunda Guerra Mundial, al tiempo que era víctima de las iras de algunos padres que creían que enseñaba demasiada carne, una dualidad que la perseguirá toda su vida, mientras ella pasa diversos altibajos en el mundo de los superhéroes. En 1942, durante su incorporación al supergrupo Sociedad de la Justicia de América, tuvo que pasar por el trago de ser aceptada como secretaria, lo que con los ojos de hoy parece una humillación y que en su momento fue visto como todo un logro. En 1947 murió su creador William Moulton, y el personaje fue perdiendo profundidad feminista. En 1968 tuvo que devolver su traje y renunciar a sus poderes para ayudar a un Steve Trevor injustamente condenado. Tras muchas peripecias editoriales, en 1986 resurgió en todo su esplendor con la publicación de *The Legend of Wonder Woman*. Pero ninguno de sus altibajos acabó con su carrera y poco a poco fue cobrando fuerza su papel como representante femenino en el tradicionalmente machista universo de los superhéroes. Porque la Mujer Maravilla es un personaje concebido desde su origen como una representación de la liberación femenina.

Cuando el editor Max Gaines, contrató al psicólogo William Moulton Marston para el departamento educativo de sus publicaciones *National Periodicals* y *All-American Publications*, poco podía sospechar que estaba ayudando a crear a uno de los personajes más míticos y singulares de la historia del cómic. Marston trataba de crear un superhéroe que se apartase de todo lo conocido y su esposa Elizabeth Holloway le sugirió que quizá lo que estuviese buscando era una mujer. Sadie, como era más conocida, y William mantenían una relación bastante moderna e inusual para le época. Eran una pareja abierta, ilustrada en todas las tesis del feminismo conocidas por entonces, tenían dos hijos y convivían con Olive Byrne, una ex alumna y segunda pareja del profesor. Esta situación no se conoció públicamente hasta mucho después de la muerte de William Moulton –tras la que sus dos mujeres y

los niños siguieron viviendo juntos, como la familia estable que eran– por fortuna para el psicólogo que hubiese sido linchado, al menos mediáticamente, en los ultraconservadores años cuarenta. El caso es que Sadie y Olive se convirtieron en los modelos que Willian usó para crear su personaje y sin duda, de ahí le viene a Wonder Woman su excepcional personalidad. Por cierto que el creador de la Mujer Maravilla es tanto o más famoso por otro de sus inventos, el polígrafo –más conocido como máquina de la verdad–, con lo que la idea del lazo mágico de la verdad de Wonder Woman cobra todo el sentido.

Pero quizá la característica que la diferencia de todos sus compañeros superheroicos, hombres o mujeres, es su ternura, su empatía, su capacidad de sentir compasión e incluso de regalar amor. Todo ello unido a su especial fortaleza, su código ético y su sentido de la lealtad y la independencia, la llevaron a ser nombrada por la ONU en el 2016, embajadora honoraria para el Empoderamiento de las Mujeres y Niñas en el Mundo, un cargo no exento de polémica, ya que las protestas surgidas desde sectores religiosos y organizaciones familiares, que consideraban que su imagen era demasiado hipersexualizada para servir como ejemplo a las niñas del mundo, lograron que se le retirase el título antes de tiempo. El desquite llegó al año siguiente con el espectacular lanzamiento de la película *Wonder Woman*, de la directora Patty Jenkins, interpretada por Gal Gadot, y que no sólo se convirtió en un rotundo éxito de taquilla sino que reivindicó la figura de la pionera feminista de los cómics, aunque obviamente, no faltaron detractores de tal reivindicación, como siempre a lo largo de sus 76 años de vida.

Predecesoras y compañeras de viaje
En realidad, la idea de los Marston de crear una versión femenina de los superhéroes tenía precedentes próximos y tuvo emulaciones inmediatas. En febrero de 1940 aparece en las páginas de la revista *Jungle Comics*, Fantomah, una mujer cuya misión era de-

fender la jungla de todo tipo de agresores, dotada de un extraño poder que la transforma de una bella muchacha rubia en un horroroso monstruo con un cráneo azul. Seis meses después el *Chicago Times* acoge las primeras tiras cómicas de Invisible Scarlet O'Neil, la hija de un científico que recibe un rayo que le confiere la facultad de volverse invisible para colaborar con la policía en la captura de delincuentes de diverso pelaje. La popularidad de esta pionera fue menguando hasta que acabó siendo sustituida por un compañero de reparto, con el delirante nombre de Acero Inoxidable, un guaperas musculado que se encargó de liquidar la serie a los 16 años de haber nacido. Dos meses antes que Wonder Woman llegó a los quioscos Black Fury, más conocida como Miss Fury, una millonaria aristócrata Marla Drake, que no tenía superpoderes y se ponía un ceñido disfraz de gata cuando combatía el crimen, que tenía la peculiaridad, para aquel entonces, de estar creada por una mujer, June Mills, que firmó la obra con el seudónimo Tarpé Mills. Pero la competidora directa por el cetro de primera superheroína de los cómics es una compañera de la factoría DC, Red Tornado (Ma Hunkel), un personaje creado

por Sheldon Mayer y que apareció por primera vez también en junio de 1939, en la revista *American Comics*, y que si no se ha llevado el título de pionera es por tratarse de un ama de casa entrada en kilos, con un traje que parece más bien un disfraz y que lleva a modo de casco una olla de cocina en la cabeza. Su historia fue breve aunque ha tenido reapariciones puntuales. Muy probablemente nació adelantada a su tiempo.

La primera heroína posterior a la Mujer Maravilla es Phantom Lady parecida en el primer número de *Police Comics*, una cabecera de DC, en agosto de 1941 y que fue creada en el estudio Eisner & Iger, montado por el maestro de la historieta Will Eisner y el dibujante Jerry Iger, para realizar obras colectivas por encargo ante la fuerte demanda de material para las numerosas revistas surgidas a finales de los años treinta. Tras ellas vendrían muchas más, algunas como superheroínas de primera fila otras como personajes de reparto, algunas como novias y otras como supervillanas, pero ninguna ha conseguido llegar tan alto como Wonder Woman en el universo del cómic clásico de superhéroes... y superheroínas.

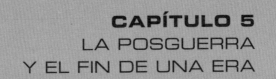

CAPÍTULO 5
LA POSGUERRA
Y EL FIN DE UNA ERA

El *American way of life* y la decadencia de los superhéroes clásicos

En la segunda mitad de los años cuarenta, mientras los Estados Unidos se reponían de la brutal sangría de la Segunda Guerra Mundial, que había costado la vida a más de 400.000 norteamericanos, muchos de los puestos de trabajo generados por la industria bélica desaparecen y la economía del país entra en una etapa de reconversión, con un paulatino incremento del sector servicios y un expansión del sector de la construcción debido a la emigración masiva del campo a la ciudad, con el consiguiente crecimiento de los suburbios de las grandes ciudades. La industria del automóvil registra un crecimiento espectacular que tendrá su apogeo a mediados de los años cincuenta, llegando a dar empleo a uno de cada seis trabajadores. El negocio de los cómics también está cambiando. En 1947 William Gaines hereda la empresa de su padre, Educational Comics, una editorial con una producción de contenido religioso absolutamente anticuada y comida por las deudas. Gaines la remodela bajo el nombre de Entertaining Comics y abre una nueva línea de mercado centrada en los *comic book* de terror, suspense, ciencia ficción o género bélico,

con revistas como *Tales from the Crypt* (*Historias de la cripta*), *Crime SuspenStories* o *Frontline Combat* (*Combate en el frente*), que se impondrán a los cómics de superhéroes durante el final de los cuarenta y principios de los cincuenta. En DC Comics, Superman y Batman resisten a duras penas en un mercado a la baja al que la editorial trata de adaptarse introduciendo nuevos personajes y cambiando sus cabeceras, como en el caso de *All Star Comics*, donde habían nacido Wonder Woman o la Sociedad de la Justicia de América, que pasa llamarse *All-Star Western* y se dedica únicamente a la temática de indios y vaqueros, mientras que Martin Goodman realiza una drástica renovación de plantilla en Timely Comics, abandona su apuesta por los superhéroes –incluso cancela la publicación del Capitán América– y comienza a producir también historietas del oeste, bélicas o de terror, bajo el nuevo nombre de Atlas Comics.

Los hijos del *baby boom*

Son los años del comienzo *baby boom*, la Guerra Fría y la lucha por los derechos civiles de los afroamericanos. Entre 1945 y 1965 nacerán 76 millones de norteamericanos que protagonizarán un cambio social radical. Serán testigos del nacimiento de la sociedad de consumo, de las protestas por la igualdad social, de los asesinatos de John F. Kennedy y Martin Luther King y de la aparición del rock & roll, con su doble de carga de moda y rebeldía juvenil. Los niños de los años cuarenta, nacidos mayoritariamente en la precariedad de la posguerra, serán la primera generación de la historia en la que la juventud se convertirá en un sector de consumo fundamental, que tiene un reflejo arquetípico en los autocines que llenan el país de punta a punta, llenos de chavales vestidos a la moda, con sus packards y sus cadillacs aparcados en fila para ver *Blackboard Jungle* (*Semilla de maldad*) –con su famosa primera escena en la que suena el «Rock Around the Clock» de Bill Haley & His Comets o «*Love Me Tender*», la primera película de Elvis Presley, en la que hace de vaquero cantarín. Frente los nuevos modelos juveniles, ya sean como Roy Rogers, el tradicional y conservador Rey de los Cowboys, o como Marlon Brando, el salvaje rebelde de The Wild One, los justicieros enmascarados enfundados en colorida ropa ajustada, parecen condenados a la extinción. Green Lantern desaparece en 1949, Capitán Marvel en 1953, Wonder Woman pasa por su horas más bajas y Batman y Superman sobreviven en los seriales de la radio o las primeras series de televisión, un medio que en 1950 la televisión llega ya a casi 4 millones y medio de hogares. Los norteamericanos descubren las tarjetas de crédito, la publicidad, las ventas a plazos y el consumismo se dispara en la primera apología del sistema capitalista. Los cambios de hábitos sociales y el crecimiento de una ola de conservadurismo, provocarán que los cómics de superhéroes pasen prácticamente desaparecidos desde 1949 hasta 1956.

La censura y el *Comics Code*

En 1954 la editorial Rinehart & Company publica *Seduction of the Innocent*, un libro Fredric Wertham, un psiquiatra alemán que había llegado a los Estados Unidos en 1922 y que se especializó en comportamientos asociales y violentos de los jóvenes a raíz de su participación como testigo experto en el juicio celebrado en 1935 contra Albert Fish, un psicópata que asesinó a 15 menores y confesó haber abusado sexualmente de un centenar, y que había sido a su vez víctima de abusos en su infancia. Wertham se convirtió en un reputado especialista en violencia juvenil y emprendió una campaña en los medios de comunicación advirtiendo de la peligrosa influencia de las revistas populares, y especialmen-

te de los cómics, en los jóvenes norteamericanos. Su tesis atacaba virulentamente a los que el llamaba *crime comics*, las revistas
de historietas de terror, las publicaciones policíacas y los cómics
de superhéroes, a los que por su creciente popularidad entre los
adolescentes, considerada responsables de comportamientos
obscenos, pecaminosos y violentos. Según él, Wonder Woman fo-
mentaba el lesbianismo y el sadomasoquismo, Batman y Robin la
homosexualidad y Superman era una encarnación del fascismo,
obviando por completo, la postura radicalmente antinazi que el
Hombre de Acero había mantenido antes y durante la Segunda
Guerra Mundial, la misma guerra que había dejado destrozados
miles de hogares en todo el país y que era la verdadera responsable del incremento de delincuencia juvenil que vivían los Estados
Unidos, donde el FBI afirmaba a principios de los cincuenta que
la mitad de los delitos eran cometidos por menores de 18 años.

Sin aportar datos ni estudios que lo avalaran, Wertham certi-
ficó la culpabilidad de los superhéroes y propuso que la venta de
cómics fuese prohibida a menos de 16 años. Respaldado por su
notoriedad pública, sus tesis desataron un incendio en la conservadora América del *way of life*, y no sólo de forma metafórica. El
26 de octubre de 1948 los niños de un colegio de Spencer, una pequeña población de Virginia Occidental, amontonaron en el pa-
tio miles de libros y revistas juveniles a los que prendieron fuego con un ejemplar de Superman, bajo la vigilante mirada de sus
padres y las autoridades policiales y religiosas del lugar. La esper-
péntica situación, que recordaba la quema de libros por parte de
los nazis, se repitió en numerosos lugares a lo largo del país, como
en Rumson, Nueva Jersey, donde los boy scouts hicieron una re-
colecta de cómics para quemarlos después, o en Cape Girardeau,
Missouri, donde las revistas de historietas fueron sometidas a una
parodia de juicio antes de ser condenadas a la hoguera. El Senado
decidió tomar cartas en el asunto y creó subcomité de investiga-
ción sobre la delincuencia juvenil, cuyo testimonio estrella fue el
de Fredric Wertham, y que, sin atreverse a declararles culpables,

instaba a las editoriales de publicaciones juveniles a establecer una serie de normas de autocensura. La Comics Magazine Association of America (CMAA), la entidad que englobaba a las editoriales de revistas de cómics, crea ese mismo año de 1954 la Comics Code Authority (CCA), que crea un código de autocontrol que prohíbe terminante la publicación de contenido sexual, violento o políticos, prohibiendo incluso el uso de las palabras «horror» y «terror» en las cabeceras de las revistas. Acaba de nacer el *Comics Code*, el sello que necesita llevar en la portada toda revista que quiera ser publicada y que provocará una caída en picado de la industria de los cómics.

Un fantasma censor recorre Europa

Pero esta cerrazón intelectual no era exclusiva de la conservadora clase media norteamericana. En la culta y civilizada Francia, Jean Paul Sartre, uno de los principales filósofos izquierdistas que sería el referente intelectual de la revuelta estudiantil de mayo de 1968, se posicionó durante años con absoluta beligerancia en contra del *comic book*. Incluso un periódico como *Droit et Liberté* (*Derecho y libertad*), que había nacido en la clandestinidad durante la resistencia contra los nazis como órgano de expresión de una organización dedicada a salvar niños judíos de las garras de las SS nazis, publicó en 1948 un artículo con el elocuente título de *Tarzán y Superman, enemigos de los niños*, y lo mismo sucedía en mayor o menos medida en el resto de los países europeos occidentales, en los que los superhéroes fueron vistos con recelo en los círculos intelectuales y educativos. En España la primera censura de los superhé-

roes no tuvo motivos morales, sino políticos y además ajenos. Superman y Batman fueron prohibidos porque la dictadura surgida tras la Guerra Civil, alineada en principio con la causa de Alemania e Italia, impidió su importación desde los Estados Unidos, el adalid de la democracia. Ambos fueron publicados de forma pirata bajo nombres como Ciclón El Superhombre y Alas de Acero. En 1952 se creó la Junta Asesora de la Prensa Infantil, para regular el contenido de las historietas a las que se perseguía más por su presunto contenido sexual, que por su violencia, en unos años en los que el control de la enseñanza y de la moral del país estaba en manos de la Iglesia que veía con muy malos ojos a aquellos personajes cuyos superpoderes les acercaban demasiado a Dios y, por lo tanto, los convertían en una blasfemia. Fueron esos motivos morales los que llevaron a la Dirección General de Prensa a prohibir la importación de superhéroes estadounidenses importación en 1964, cuando Spiderman llevaba ya dos años escalando paredes.

Patriotas y traidores. La Guerra Fría

El 27 de julio de 1953 se firma el armisticio que paraliza la Guerra de Corea, y los soldados norteamericanos comienzan a regresar a casa desde la península asiática en la que se han dejado más de 36.000 muertos. Es la sangrienta contribución a la cruzada contra el comunismo en la que se han embarcado los presidentes Harry Truman y Dwight D. Eisenhower. Son muchos muertos y muchos heridos, difíciles de ser asumidos por una sociedad que, a pesar del aparente bienestar del *American way of life*, también sufría escaseces, injusticias y desigualdades que se traducían en abundantes conflictos sociales, raciales y laborales que fueron el caldo de cultivo perfecto para la persecución de toda disidencia interna al sistema capitalista. Fue lo consecuencia doméstica de la llamada Guerra Fría, en la que el miedo al enemigo exterior comunista, la amenaza roja, propició una caza de brujas que alimentó una dinámica de patriotas y traidores a la que los superhéroes no pudieron sustraerse.

En 1950 el senador republicano por Wisconsin Joseph McCarthy acusó públicamente a 250 funcionarios de ser espías comunistas infiltrados en el Departamento de Estado, lo que tres años le llevó a presidir la la Subcomisión Permanente de Investigaciones del Senado, ante la que acabarían desfilando numerosos personajes de los más diversos medios culturales, entre ellos una buena parte de los trabajadores de EC Comics –especializada en historietas de terror, policiales y aventuras– como Milton Caniff, el creador de Terry y los piratas. La caza de brujas no desató precisamente una ola de solidaridad entre las editoriales de historietas y para las grandes como DC, fue una oportunidad para deshacerse de la dura competencia de quienes estaban invadiendo el mercado con una oferta más adulta, como la propia EC Comics. Curiosamente, el principal enfrentamiento entre los superhéroes y el macartismo, tuvo lugar tres décadas después de que éste desapareciese, en 1993, cuando Elseworlds, una marca de DC, publica *The Golden Age,* una miniserie del guionista James Robinson y el dibujante Paul Smith, que llevan de vuelta a los años cincuenta a los miembros de la Sociedad de Justicia de América, convertidos en unos jubilados que sobreviven como pueden a la caza de brujas del senador McCarthy. Green Lantern, ha sido incluido por la lista negra, el Capitán Triumph vive tristemente jubilado, Hourman se ha convertido en un adicto a la droga que le proporcionaba los superpoderes y Starman es víctima de su depresión a causa de los remordimientos por haber colaborado en el desarrollo de la bomba atómica.

El término Guerra Fría fue acuñado oficialmente el 16 de abril de 1947, cuando Bernard Baruch, consejero del presidente Harry S. Truman, pronunció un discurso en el que afirmó: «No nos engañemos: estamos inmersos en una guerra fría». Baruch sabía de lo que hablaba porque era quien dirigía el comité que redactó un plan para el control mundial de la energía atómica, que incluía la eliminación de las bombas atómicas y otras armas de destrucción masiva de todos los arsenales nacionales que ni tuvo el apoyo necesario de la administración norteamericana ni fue tomado minimamente en consideración por la Unión Soviética. Las dos potencias mundiales se instalaron en una escalada de tensión, siempre con la amenaza nuclear por delante, que les llevó a convertir al entonces llamado Tercer Mundo en un polvorín de guerras locales en las que ambos países alimentaban militarmente a uno de los bandos en conflicto, y sumiendo al norte del planeta en una guerra no declarada de amenazas continuas y exhibiciones de poderío militar.

Los superhéroes rojos que vinieron del este

Durante esos años, los creadores comenzaron a perder paulatinamente el control de sus personajes, que pasaron a estar manejados por los intereses de los editores, mucho menos dados a veleidades y más preocupados por los resultados económicos que dispuestos a meterse en pantanos políticos. Sin embargo, en contra de lo sucedido durante la Segunda Guerra mundial, los superhéroes se mantuvieron en un discreto segundo plano, durante los primera etapa de la de Guerra Fría –conocida como etapa de contención– cuando fueron sustituidos por otro tipo de aventureros espaciales o policiales. Fue durante la segunda y tercera etapas –la de coexistencia pacífica y la de la distensión– entre 1954 y 1979, cuando los superhéroes cobraron más protagonismo en la lucha contra la amenaza soviética.

En sus 46 años de existencia, la Guerra Fría produjo personajes como Red Guardian, que fue creado en 1967 como contraparte soviética del Capitán América y que tuvo varias personalidades entre las que destaca Alexei Shostakov, gente de la KG y marido de Natasha Romanova, famosa bailarina en la Unión Soviética y espía convertida en desertora como Black Widow (la Viuda Negra). De importante comunista son también Coldsteel, cuyo alter ego es nada menos que Josef Stalin y que se las tiene que ver con el primer Human Torch creado por Timely en 1941, Katrinka, miembro de la policía secreta rumana y el KGB y enemiga de Black Widow, Boris Kirov, un superhéroe soviético, Fighting America, un cruce entre Batman y Capitan América, cuyos enemigos son 'Posion' Ivan y 'Hotsky' Trotsky, y un largo etcétera que incluye las luchas del Capitán América contra Electrón y la Horda Comunista, Iron Man contra Barbaro Rojo, Thor contra Radioctive Man –no confundir con el personaje de Homer Simpson–, un físico nuclear agente de la China comunista, o Capitán Marvel contra el Triturador Rojo. En ocasiones esta superheroica lucha contra el comunismo entra de lleno en el terreno del esperpento con personajes como Super Green Beret (Super Boina verde) un muchacho que adquiere superpoderes y se dedica repartir bofetadas contra soldados comunistas chinos y coreanos en cuanto se coloca la boina de su tío, un ex ranger del ejército norteamericano, que fue editado por Lightning Comics en 1967.

La Silver Age y el retorno de los superhéroes

En marzo de 1956, la editorial National Comics Publications lanza al mercado *Showcase,* una nueva revista dedicada a publicar historias cortas, con personajes que podían durar uno o dos números. En definitiva era una campo de pruebas para ver cómo reaccionaba el público ante determinados argumentos y personajes. En el número cuatro, editado en el mes de octubre,

los guionistas John Broome y Robert Kanig-
her, junto a los dibujantes Carmine Infan-
tino y Joe Kubert, resucitan a un viejo superhéroe de la Golden Age, el superveloz
Flash. La respuesta de los tres primeros números como protagonista principal es tal,
que los editores deciden volverle a dedicar
otra vez una publicación exclusiva al viejo, pero remozado, superhéroe inspirado
en el dios Mercurio.

Acababa de nacer la Silver Age. Los Estados Unidos viven una época de bonanza económica pero de una enorme con-
vulsión social: se suceden las protestas y
movilizaciones a favor y en contra de la
entrada de estudiantes negros en las uni-
versidades y colegios para blancos, especialmente en los llamados estados del sur, mientras un terremoto llamado Elvis Presley
convulsiona el mundo de la música juvenil para espanto de muchos padres, y las continuas pruebas nucleares –siete sólo en el
mes de julio de ese año– en el desierto de Nevada y las islas del
Pacífico, comienza a crear recelo entre algunos sectores de población concienciados y estrechamente vigilados todavía por el macartismo, que desaparecerá ese mismo año.

Tras la modernización de Flash DC emprenderá la del resto
de sus principales personajes. El 22 de octubre de 1959 Showcase
acoge el regreso de Green Lantern, con guion de John Broome y
dibujos de Gil Kane, bajo la personalidad de Hal Jordan, un joven
cuya virtud es la capacidad de superación de sus propios miedos,
que es el primer humano reclutado por la fuerza policial interga-
láctica Green Lantern Corps y que tras varias crisis de identidad
que le hacen renegar de su condición de superhéroe, 35 años más
tarde se convertirá en un supervillano llamado Parallax, capaz de
derrotar al mísmisimo Superman.

Clásicos remodelados

En marzo de 1961 regresa Hawckman, renovado por Timothy Truman, que poco deja del personaje original y lo convierte en Katar-Hol, originario del planeta Thanagar y enviado a la tierra para perseguir a un criminal y que decide quedarse junto a su esposa Shayera Thal, convertida en Hawckwoman. Ese mismo año Gardner Fox y Gil Kane se encargan de convertir al Atom original, el enclenque estudiante Al Pratt, en el profesor Ray Palmer, capaz de manipular su masa y su peso para adquirir una fuerza y velocidad extraordinarias. La renovación alcanza también a la Sociedad de la Justicia, que se convierte en la Liga de la Justicia. Incluso Superman, uno de los pocos superhéroes de DC realmente en activo, ve cómo su universo personal sufre cambios con la llegada de Supergirl (su prima kryptonina Kara Zor-El) y el superperro Krypto, entre otros.

La revista *Showcase* no sólo publica recuperaciones de superhéroes sino que sirve también para jóvenes artistas den sus primeros pasos con historias de ciencia ficción y aventuras, como es el caso de Jack Kirby que en 1957 crea Challengers of the Unknown un cuarteto de intrépidos investigadores de sucesos paranormales y exploradores de mundos fantásticos, que servirían a su autor como base de inspiración para la creación tres años más tarde de Los Cuatro Fantásticos, el supergrupo que convirtió a Marvel Comics en el verdadero motor de la Silver Age. Pero en los primeros pasos de la Edad de Plata, Marvel se llama todavía Atlas Comics, la empresa heredera de Timely Publications, cuyo propietario Martin Goodman, pasaba por su peores momentos y sobrevivía básicamente con un puñado de selectos creativos como Jack Kirby, Steve Ditko, Don Heck o Dick Ayers. Toos ellos están capitaneados por el mayor genio de los cómics de superhéroes de todos los tiempos, Stanley Martin Lieber, más conocido por Stan Lee, que por esos días está apunto de realizar la mayor revolución en el mundo superheroico desde sus inicios con la nueva empresa que su pariente Martin Goodman crea en 1961: Marvel Comics.

El nacimiento de Marvel, The Fantastic Four y la modernidad

En el mes de agosto de 1961, los soldados de Alemania del Este comienzan a levantar un muro para dividir Berlín en dos mitades y evitar la fuga continua de ciudadanos de la Alemania soviética a la parte occidental. El Muro de Berlín se convertirá en el mayor símbolo de la división del mundo en dos bloques durante los largos años de la Guerra Fría, el duelo entre las dos superpotencias que por aquellos días tiene como escenario principal la Cuba de Fidel Castro donde la CIA organiza atentados contra el régimen comunista. En los quioscos de los Estados Unidos también se registra un particular duelo entre las dos principales editoriales de cómics, DC y Marvel, en el que la segunda toma ventaja con el lanzamiento del primer número –que llevará fecha del mes de noviembre, a pesar de salir en pleno verano– de *The Fantastic Four*, la revista con las aventuras de un nuevo supergrupo que revolucionará completamente la escena de los superhéroes. Los 4 Fantásticos nacieron de la rivalidad entre las dos editoriales y como respuesta de Marvel a la recién aparecida Liga de la Justicia, el equipo integrado por Superman, Wonder Woman, Batman, Aquaman, The Flash, Green Lantern y Martian Manhunter, la primera división de DC. Sucedió después de que el editor de esta empresa, Jack Liebowitz, alardease ante Martin Goodman, editor de Atlas Comics –que en ese año de 1961 se convierte en Marvel Comics, con el logo MC que figura

en el primer número de *The Fantastic Four*–, del éxito de su supergrupo en la recién nacida Edad de Plata de los cómics. Goodman le encargó a su responsable editorial y mano derecha, Stan Lee, que crease una supergrupo de réplica y éste, en lugar de reunir a un grupo de superhéroes dispares que trabajasen juntos, hizo algo absolutamente rompedor: creó un equipo de superhéroes completamente nuevo, unido por lazos personales, familiares y laborales.

La familia que lucha unida, triunfa

Reed Richards (Mr. Fantástico), Susan Storm (la mujer invisible), Johnny Storm (La antorcha humana), Ben Grimm (La cosa), surgieron de la imaginación de Stan Lee y cobraron vida con los lápices de Jack Kirby, con un éxito inmediato y arrollador. Los jóvenes lectores norteamericano se reconocen perfectamente en aquellos personajes que se enamoran, sienten celos, tienen rivalidades profesionales, egos que les convierten en vulnerables y además viven en una ciudad perfectamente reconocible como Nueva York. Son unos superhéroes humanizados que ni siquiera tienen una doble identidad: no usan máscara y prescinden completamente del anonimato, es más, algunos de su miembros, como la Antorcha Humana, buscan denodadamente la notoriedad y la fama. Además son un grupo familiar y,  como todas las familias, un tanto mal avenidos. Mr. Fantástico es el novio de Susan Storm y su relación pasa por los típicos altibajos –además de tener una diferencia de edad considerable–, Ben Grimm es amigo de ambos y está permanentemente engrescado con Johnny Storm, el joven y alocado hermano de Susan. Todo son científicos y logran sus poderes tras ser alcanzados por una tormenta de rayos cósmicos durante un intento de viaje exploratorio a Marte, que según el propio Stan Lee, se trataba de un guiño a la carrera especial en la que aquel mismo mes la URSS se apunta un nuevo tanto al enviar al espacio a un segundo cosmonauta, Guerman Titov. A su regreso a la Tierra descubren que han adquirido superpoderes que no afectan a su apariencia física habitual, excepto en el caso de Ben Grimm, que adquiere un aspecto monstruoso que dará pie a los conflictos internos de su personaje y a una enternecedora relación sentimental con la escultora ciega Alicia Masters. Una nueva generación de superhéroes acaba de nacer mientras la televisión llega ya al 90 por ciento de los hogares norteamericanos, en los cines triunfa *West Side Story* y en Aldershot, una ciudad del sur de Inglaterra, un grupo de rock llamado The Beatles celebran su primer concierto ante 18 personas.

Los 4 Fantásticos serían el pistoletazo de salida para otras series y personajes, como Astonishing Ant Man en enero de 1962, The Incredible Hulk en mayo de 1962, Spiderman en el último número de *Amazing Fantasy,* en agosto de 1962 o Daredevil, en abril del 64, entre otros muchos que renovarán por completo el concepto de superhéroe y que serán compañeros de fatigas de Los 4 Fantásticos durante 54 años, hasta que el supergrupo desaparezca definitivamente en el año 2015 a causa de las disputas entre Marvel y 20th Century Fox, sobre los derechos de la película que se estrenaría ese mismo año. Pero a principios de los años sesenta Stan Lee y sus 4 Fantásticos fueron la respuesta perfecta del género de viñetas a un mundo que estaba cambiando vertiginosamente, en el que todo iba más deprisa, la sociedad era cada vez más compleja y el mundo cada día más pequeño y los superhéroes deben afrontar un nuevo reto: se podía seguir luchando por las causas justas, pero la vida se había vuelto muy complicada, incluso para los superhéroes.

CAPÍTULO 6
LA HUMANIZACIÓN
DE LOS SUPERHÉROES

Los superhombres también lloran.
El nacimiento de Spiderman

El 10 de agosto de 1962, el día de la primera aparición de Spider-man en el número 15 de la revista *Amazing Fantasy*, los periódicos se hacían eco de una hazaña digna de un superhombre: Gil Delamare, un especialista de cine y aventurero francés, había batido en récord de caída libre, saltando de un avión a 9.200 metros de altura y abriendo en el paracaídas a 500 metros del suelo.

Son días de agitación y adrenalina. La administración Kennedy busca la distensión con la Unión Soviética, mientras planifica el envío de un cohete a Venus, y desde un avión-cohete X-15 norteamericano, tripulado por el comandante Robert White, se fotografía a 92 kilómetros de altitud un Objeto Volador no Identificado, o sea, un OVNI. En medio de este espectáculo informativo, Nueva York saluda la llegada de su nuevo vecino con un verano suave mientras sus habitantes se reponen de la conmoción por la muerte de Marilyn Monroe y comienzan a digerir la escalada de la intervención norteamericana en Vietnam, un conflicto que no será ajeno a la existencia cotidiana del trepamuros. La ciudad lo ignora todavía, pero a partir de entonces su imagen, sus calles, su ambiente y el skyline de sus rascacielos, tendrán un nuevo icono: una máscara roja con el dibujo de una telaraña negra.

Sobre el papel, las andanzas de Peter Benjamin Parker, el verdadero nombre del hombre araña, comienzan sólo unos meses antes, en la primavera de ese mismo año, en la entrada del Instituto Midtown de Nueva York, en el que un grupo de alumnos se burla de Peter, un chaval inteligente y apocado, un empollón en estado puro, llamado a convertirse en el personaje del cómic que mejor representa la crueldad de la doble vida, el peso moral y la responsabilidad de ser un humano con superpoderes. El primer superhéroe adolescente, comenzó siendo un huérfano criado por unos tíos ancianos y cinco décadas después se ha convertido en un famoso y controvertido justiciero que en 1987 acabó casándose con Mary Jane Watson, su vecina guapa de sus días juveniles –para divorciarse 21 años más tarde–, después de que su primera novia, Gwen Stacy, muriese en sus brazos. Peter Parker, fotógrafo freelance del *Daily Bugle*, periódico sensacionalista de J. Jonah Jameson, cuyo objetivo fundamental es desacreditar a Spiderman, es un chaval con problemas para pagar el alquiler, los estudios y las hospitalizaciones de su tía May, su tutora, viuda de un policía asesinado, el tío Ben, que le dejó como herencia una consigna que le pesa como una losa: «Un gran poder conlleva una gran responsabilidad», una frase que en realidad no pronunció el tío Ben, sino que la escribió Stan Lee en la última viñeta de la primera entrega. El personaje, con un amplio universo personal de personajes secundarios, ha evolucionado con el tiempo y ha sido testigo de momentos sociales como la protesta contra la Guerra de Vietnam en su época de universitario o la llegada masiva de las drogas a los barrios de Nueva York.

El ídolo juvenil

Los adolescentes norteamericanos se identificaron inmediatamente con el personaje que Stan Lee y el dibujante Steve Ditko crearon como una de tantas historias cortas con las que la editorial iba probando personajes y que la mayor parte de las veces se quedaban en simple relleno. La respuesta del público salvó la vida a un proyecto que estaba prácticamente condenado a no tener continuidad, ya que el editor John Goodman, no creía en las posibilidades de éxito del superhéroe arácnido y lo había publicado en una revista, *Amazing Fantasy*, que lanzaba a la calle su último número. En marzo de 1963 ya cuenta con su propia publicación *The Amanzing SpiderMan*, que aún sobrevive. Aunque durante algunos períodos adoptó un nuevo traje negro que cambió su personalidad por la de un simbionte alienígena o mutó en araña gigante, durante 54 años Spiderman ha consolidado una de las más brillantes carreras en el universo de los superhéroes, convirtiéndose en un admirado profesional que sigue velando porque el bien venza al mal y que sigue atrapando los sueños y el ansia de aventuras de millones de adolescentes y algunos que no lo son tanto.

Peter Parker se convierte en el amo de la noche, a la que al final de sus aventuras hace cómplice de sus dudas sobre si sus problemas y sus fracasos son fruto de la mala suerte de Peter Parker o el precio a pagar por ser Spiderman. El guion del prolífico Stan Lee, muy abundante en notas y comentarios sobre el estado de ánimo del hombre araña, fortalece esta dualidad y conforma un nuevo tipo de héroe moderno, tal y como afirma Julián M. Clemente en el cuarto tomo de la enciclopedia *Del Tebeo al Manga. Una historia de los cómics*, dirigida por Toni Guiral: «Stan Lee construye un personaje que encuentra su grandeza en las decisiones que toma. Frente a la relación maquiavélica entre poder y corrupción, Lee resalta el binomio po-

der y responsabilidad, en una visión menos cínica y más bonda-
dosa del ser humano representado por Peter Parker». La contribución del Hombre Araña a la cultura popular es casi imposible
de cuantificar y pasa por cinco películas, una veintena de videojuegos oficiales, doce películas de animación, un musical de Broadway, *Spider-Man: Turn Off the Dark*, con música escrita por U2,
o una canción de Ramones. El propio presidente Obama com-
partió con él las páginas del número 583 de *Las aventuras del increíble Spiderman*. Es el legado de un superhombre corriente, tan
corriente que uno de sus apodos más antiguos –y quizá menos
usados– es el de El Amable Vecino.

Seducción adolescente.
La primera gran industria de ocio juvenil

Espoleados por el éxito del Hombre Araña, John Goodman y Stan
Lee convierten la nueva editorial Marvel en un laboratorio que
produce personajes constantemente, en una experimentación
permanente que le hace merecer el apelativo de «La casa de las
ideas» con el que es conocida la editorial por un público hambriento de las novedades que proporciona la pequeña redacción
instalada en el número 387 de Park Avenue South, Nueva York,
muy cerca de donde se sitúan los cuarteles generales y escenarios
de las andanzas de sus personajes. Stan Lee abre además una vía
directa de comunicación con el público mediante la inclusión en
los *comic book* de una sección denominada *Bullpen Bulletins,* en
las que narra las interioridades del proceso de creación de cada
número, que incluyen a veces pequeñas historietas protagonizadas por los guionistas y dibujantes. Lee es el hombre orquesta de
Marvel, el genio creativo y el organizador que se encarga hasta de
leer y contestar el correo de los lectores, lo que le permite conocer de primera mano las preferencias del publico e ir incorporán-
dolas a sus personajes, cada día más actualizados en aspecto e in-

quietudes personales. Si los 4 Fantásticos habían inaugurado la humanización de los personajes, Spiderman abre la vía de los superhéroes vulnerables, sobre todo animicamente y mentalmente.

En agosto de 1962, en el número 83 de *Journey Into Mystery*, también aparece Thor, un hijo díscolo y pendenciero al que su padre, el dios Odín castiga dándole la frágil personalidad humana de un cojo. El poderoso dios del trueno es un ejemplo de camuflaje en la debilidad, incluso en la discapacidad. Es un belicoso señor de la guerra, dios de los vikingos, fiel a la deidad nórdica en la que el personaje está directamente inspirado. Su agresividad rebasó los límites razonable y su padre Odín lo desterró a vivir como mortal en Midgard (La Tierra) en la personalidad de un inofensivo médico lisiado de una pierna, Donald Blake, sin recordar quién era realmente hasta que aprendiera a valorar la justicia y la paz, momento en que el destino le devolvería su identidad, lo que sucede durante un intento de invasión extraterrestre a la tierra. De ahí en adelante, cada vez que el tullido doctor Donald Blake golpea el suelo con su bastón de madera, se convierte en el poderoso Thor. Pero si hay un personaje en el que la dualidad entre debilidad y fortaleza, tanto físicas como anímicas, son su esencia y razón de ser, es Daredevil. Creado en 1964 y conocido Dan Defensor en España durante los primeros años, su verdadera personalidad es Matt Murdock, un niño nacido en la Cocina del Infierno de Nueva York, abandonado por su madre y criado por su padre, el boxeador Jack 'Batallador' Murdock, asesinado por la mafia. Al tratar de impedir un accidente, un camión derramó su carga radioactiva dejando ciego a Matt, pero la radiación incrementó sus otros sentidos, lo que

unido a una fuerte preparación física y al dominio de las artes marciales, le permite con el tiempo convertirse en un justiciero tras el que se oculta un joven abogado, enamorado permanentemente de Karen Page, su secretaria, que acabará convirtiéndose en una adicta a la heroína. A pesar de su popularidad, para la mayoría no pasa de ser una versión de la eterna dicotomía de Spiderman, pero en una versión adulta, hasta que llegó su tormentosa relación con la superheroína Elektra, cuyo título de 'La mayor asesina del mundo' no deja lugar a dudas sobre el espíritu del personaje, que se cruza en su vida en el número 168 de *Daredevil*, publicado en enero de 1981. Este encuentro crucial es obra de Frank Miller, el genial guionista y dibujante que convierte al 'Hombre sin miedo' en un ser mucho más complejo, más duro, en definitiva, más adulto, y lo transforma en uno de los grandes personajes de la Casa de las Ideas.

Un universo particular

Una de las claves de la duración del éxito de Marvel fue su capacidad para crear un universo propio para sus personajes, que se entrecruzan una y otra vez, alimentando tramas, creando alianzas y tramando traiciones, que son una de las claves de su éxito. El inicio de esta dinámica se sitúa en 1963, cuando se crearon Los Vengadores, un superequipo formado originalmente por Iron Man, Hulk, Thor, Ant Man (Henry Pym) y la Avispa (Wasp), quien fue la encargada de darle el nombre al grupo. Hulk abandonó pronto el equipo, que recuperó al Capitán América, erigido en líder *in pectore* a lo largo de la mayor parte de su historia, una historia que incluye a la mayor parte de los personajes importantes del sello Marvel, desde Quicksilver a Wolverine, pasando por

Black Panther, Hawkeye, Luke Cage, Mr. Fantástico, Ghost Rider, Spiderman, Galactus y una larga lista de más de 200 nombres con lo más granado de la editorial estrella de la Silver Age.

El éxito de Marvel convirtió a la editorial en el objeto de deseo de la industria del entretenimiento y en 1968 la Perfect Film & Chemical Corporation, una empresa que había nacido como distribuidora de productos farmacéuticos y que poco a poco fue adquiriendo revistas y publicaciones de libros de bolsillo hasta convertirse en un imperio editorial, compró la compañía a Martin Goodman. La nueva compañía cambia el sistema de distribución, amplía la plantilla y diversifica su oferta editorial a géneros como el terror, el humor, el western y la ciencia ficción. Pero la crisis y los cambios en los gustos juveniles le pasaron factura, igual que le había sucedido dos décadas antes a su competidora, DC Comics. Tras capear el temporal como pudo, Marvel comenzó a mejorar su situación en 1978 la situación comenzó a mejorar, gracias a la eliminación de los distribuidores mayoristas y la venta directa a los minoristas y la llegada a la presidencia de un personaje como Jim Galton, que pilotó la compañía hasta 1991.

Las drogas, Vietnam y el final de *Comics Code*

En el mes de mayo de 1971, mientras el director de cine William Friedkin da los últimos retoques a la edición de *The French Connection*, la película que narra la lucha contra el tráfico de heroína entre Francia y Estados Unidos, el cerebro de Marvel Comics recibe un inusitado encargo del Departamento de Estado para la salud y la Educación: que use la influencia de sus historietas entre los adolescentes para sensibilizarlos y alertarles de los peligros que suponen las drogas, un problema de dimensiones globales, como se pone de manifiesto en la primera Convención sobre sustancias psicotrópicas, celebrada por la ONU ese mismo año. Lee acepta el reto y se lo endosa a su personaje estrella en el mundo juvenil, Spiderman. Junto al dibujante Gil Kane crea una historia que comienza con el Hombre Araña salvándole la vida a un joven afroamericano que, en pleno delirio a causa de las drogas, se lanza desde lo alto de un edificio, convencido de que puede volar. Pero a pesar de las buenas intenciones del cómic y del encargo gubernamental, el comité de autocensura conocido como Comics Code Authority, se niega a permitir que la historieta se publique. La absurda decisión de impedir que una publicación juvenil hable de drogas aunque sea para alertar de sus peligros, subleva al cerebro de Marvel Comic que, junto a su jefe, el editor Martin Goodman, decide publicar el *comic book* sin el preceptivo sello del Comics Code impuesto 17 años atrás. La ruptura del tabú tiene un amplio eco en la prensa y un éxito absoluto entre los lectores y anima a la editorial a contniuar la historia en los números de junio y julio, en los que el compañero de piso de Peter Parker, Harry Osborn, sufre una sobredosis de pastillas –o LSD, según la lectura que hacen algunos, aunque el tipo de droga nunca se explicita en éstas aventuras –, tras lo que el joven Parker se deja llevar por la ira y le propina un soberana paliza al camello, dejando aparcado por primera vez en casa el traje de Spiderman. Marvel acaba de revolucionar otra vez el universo de los superhéroes y la Comics Magazine Association of America, decide revisar y actualizar las estrictas condicines del Comics Code, que de hecho suponen el inicio de su desaparición.

Desarraigo, marginación y lucha antisistema

DC Cómics, tildada a menudo de más anticuada y conservadora que su rival editorial, no se queda al margen en este asunto de las drogas. El tandem de Green Lantern y Green Arrow en el número 85 de su *comic book*, editado en agosto de 1971, des-

cubren que Roy Harper, el adolescente tras el que se oculta Speedy, compañero de aventuras del arquero Flecha Verde, se ha convertido en un yonqui en manos de un supervillano llamado Solomon, una especie de chulo millonario de la jet set, al que le ajustan las cuentas los superhéroes. El tratamiento de la historia mereció incluso una felicitación por parte del alcalde Nueva York, una ciudad que en los años setenta se convirtió en una jungla en la que en 1972 se produjeron cuatro millones de robos con intimidación, 145.000 violaciones y 20.000 homicidios, según un informe del organismo federal Law Enforcement Assistance Administratión. Los superhéroes han comenzado a moverse en unos escenarios urbanos situados al borde del abismo a causa de la especulación inmobiliaria, la proliferación de armas, el tráfico de drogas y la segregación de los afroamericanos, asunto este último al que nos referiremos con detalle más adelante.

Aunque en menor medida, otra de las causas de ese deterioro social de las calles de Nueva York y otras ciudades de los Estados Unidos es el desarraigo y marginación de los soldados regresados de la Guerra de Vietnam, en muchos casos con graves taras físicas y secuelas mentales bastante peligrosas. Uno de esos retornados de Vietnam es Iron Man, creado al alimón por Stan Lee, el guionista Angel Leonardo y los dibujantes Jack Kirby y Don Heck, en las páginas del número 39 de *Tales of Suspense*, en marzo de 1963, el año que es asesinado John F. Kennedy, y en el que su sucesor en la presidencia, Lyndon B. Johnson, decide aumentar la ayuda militar a Vietnam del Sur que desembocará en el envío masivo de soldados dos años después. Tony Stark, el alter ego de Iron Man, es un vendedor de armas que viaja a Vietnam para conocer de primera mano los resultados de su material de última tecnología, es herido por una mina y secuestrado por un

señor de la guerra para que ponga sus conocimientos al servicio de los rebeldes comunistas. Stark, ayudado por un viejo premio Nobel vietnamita, construye un traje que convierte a los soldados en superhombres y lo usa para fugarse y convertirse en el Hombre de Hierro. De todas estas experiencias Iron Man sale convertido en un superhéroe con graves problemas cardíacos y un alcoholismo crónico, en un paralelismo absoluto con los excombatientes reales. También comienza siendo un furibundo patriota anticomunista apara acabar sumándose a la ola de protestas contra la guerra que se generalizaron en los últimos años sesenta y primeros de los setenta. Durante ese período, la sociedad norteamericana, y aunque en menor medida, también la europea, viven tiempos de cambios convulsos, tal y como preconizaba en 1963 un joven Bob Dylan en su tema «The Times They Are a-Changin». Tras explosión del movimiento hippie en el llamado 'verano del amor' de 1967 y las revueltas universitarias de la primavera del 68, las protestas contra la guerra del Vietnam y la lucha por los derechos civiles de los negros, sacuden los cimientos del sistema. Son también los años de la psicodelia, representada en el universo de los cómics por Silver Surfer, quizá el más contracultural de los superhéroes, creado por Jack Kirby en marzo de 1966.

Monstruos de la era atómica

El 22 de marzo de 1975 se produce un grave accidente en la central nuclear de Browns Ferry, Alabama, que supone el auge de la expansión del movimiento antinuclear y ecologista por todo el mundo y el inicio del fin de la era atómica, que había comenzado en los años cincuenta y había acompañado casi desde el principio la evolución de los superhéroes, especialmente durante los años de la Edad de Plata. La radiactividad de la picadura de una araña está en el origen de Spiderman, la radiación cósmica en el de Los 4 Fantásticos, un bidón de material radioactivo en el de Daredevil, un campo de radiación en el de Negative Man y una descarga radioactiva en el de Ms. Marvel, mientras que el manejo de la radiactividad creó supervillanos como el profesor Chen Lu, el malvado de la China comunista creado Marvel para el equipo de supervillanos redimidos Thunderbolts, que logra sus poderes gracias al control de las partículas radioactivas. Pero la estrella radioactiva es sin duda The Incredible Hulk, creado en mayo de 1962 por el tándem Stan Lee y Jack Kirby. El auténtico Doctor Jekyll y Mister Hyde de los superhéroes es el alter ego del doctor Bruce Banner, un genio científico que tras exponerse a los rayos gamma –descubiertos en 1900 por el físico francés Paul Villard– se transforma en Hulk, un engendro descontrolado, cuando las emociones violentas aceleran su corazón. Los recuerdos de sus destrozos y muertes se convierten en una carga insoportable para el doctor Banner, especialmente por la intromisión en su relación con Betty Ross, hija del general Thunder Ross, el peor enemigo de Hulk. A pesar de que la serie original no pasó del sexto número, antes de convertirse en miembro fundador de Los Vengadores, este monstruo atormentado es una de las mejores creaciones de Marvel –que es lo mismo que decir de Stan Lee– una factoría especializada en convertir a los monstruos, a los raros, en héroes capaces de enternecer y apasionar al público, tal y como demostró en una de sus creaciones más complejas: los X-Men, caídos en las páginas de *(The Uncanny) X-Men nº 1,* en septiembre de 1963.

Los X Men y la rebelión de los mutantes

Si los mencionados superhéroes radiactivos eran personajes 'mutados', es decir, mutaban a causa de la exposición a algún tipo de radiactividad, los miembros de La Patrulla X, como comenzó siendo conocida en España, adquieren sus poderes gracias a accidentes genéticos, o sea, nacen con ellos, son 'mutantes', en una vuelta de tuerca a los primeros mutantes creados por DC Comics con Namor, que no necesitaban ningún tipo de explicación a sus orígenes. Los X-Men son un grupo creado por el profesor Charles Xavier que estudia el nacimiento de una nueva raza, los mutantes, tras la segunda guerra mundial. El Profesor X, como es conocido, es también un mutante, pero atado a una silla de ruedas y con una capacidad mental extraordinaria. En su hogar laboratorio reúne a un grupo de jóvenes cuyos superpoderes asustan a sus vecinos y provocan su rechazo social. Cíclope, El Hombre de Hielo, Bestia, Arcángel y Jean Grey, serán el primer equipo de los X-Men, que irá evolucionando a lo largo del tiempo, siempre envuelto en hostiles relaciones con los humanos corrientes y en dinámicas personales de enamoramientos, celos, guerras de egos, traiciones y toda la tensión que conlleva cualquier grupo humano, por muy mutante que sea. A pesar de su fama y su longevidad, este supergrupo es quizá la creación de Marvel que menos

éxito tuvo en su día y la serie original fue cancelada en 1970, para ser relanzada cinco años después por el equipo creativo formado por el guionista Chris Claremont y el dibujante Dave Cockrum, que renovaron el equipo con personajes tan impactantes como Wolverine, Tormenta o Banshee, procedentes de distintos puntos del planeta, lo que les dio un aire de supergrupo inmigrante y les convirtió en la marca más famosa de Marvel durante las dos décadas siguientes.

Pero si tenemos que hacer caso al aforismo que afirma que la grandeza de un hombre se mide por la talla de sus enemigos, buena parte del éxito de los X-Men se debe a su archienemigo Magneto, el mutante malvado por excelencia, que pasó su infancia en el campo de concentración nazi de Auschwitz, donde falleció toda su familia y fue testigo de las mayores crueldades. Las penosas condiciones físicas en las que tuvo que sobrevivir impidieron que desarrollasen sus innatos superpoderes mutantes, que surgieron después de tras la Segunda Guerra Mundial, cuando arremete contra una multitud que le obstaculizaba el rescate de su hija, atrapada en un incendio. Desde entonces su sueño es destruir y esclavizar a la humanidad, llevando de cabeza al propio Consejo de Seguridad de las Naciones Unidas.

Ms. Marvel, las superheroínas y el movimiento de liberación femenina

En 1964 la escritora y psicóloga social Betty Friedan ganó el premio Pulitzer con su obra *La mística de la feminidad,* un libro clave en lo que se conoce como segunda ola del feminismo, que va de 1960 a 1990, la época de mayor desarrollo del movimiento de liberación femenina. Friedan identifica las patologías autodestructivas que afectan a la mujer americana de clase media, como la depresión, la neurosis y el alcoholismo, con lo que denominó «el malestar que no tiene nombre», que se derivaba del papel que la

conservadora sociedad de posguerra había impuesto a la mujer como ciudadano de segunda, relegada a un papel de novia fiel, esposa obediente y madre abnegada, ajena a todo aquello que sucediese fuera de su presunto hogar feliz. Salvo excepciones como Wonder Woman, las superheroínas nacidas en los años cuarenta y cincuenta respondían a ese papel estereotipado, siendo meras replicas edulcoradas de los superhéroes masculinos y mostrando siempre un lado de «sensibilidad y debilidad femenina». Pero la renovación del cómic de principios de los sesenta también afectó profundamente a los personajes femeninos que se subieron a esta segunda ola del movimiento de liberación que propugnaba una igualdad más allá del mero marco teórico y legal, defendiendo la liberación sexual, la igualdad laboral y su nuevo papel en la familia, asumiendo la toma de decisiones en la reproducción.

En marzo de 1968 las páginas de *Marvel Super-Heroes nº 13* acogen la aparición de la comandante Carol Danvers, miembro de la Fuerza Aérea de los Estados Unidos, llegando a ocupar el puesto de jefe de seguridad de Cabo Cañaveral, algo bastante inusitado en aquella época, dado que las academias militares norteamericanas no admitieron la presencia de mujeres hasta 1976. Sin embargo, en 1977 se convierte en la superheroína Miss Marvel y contra todo pronóstico, comienza su decadencia como símbolo del feminismo, cayendo, por obra y gracia del guionista Gerry Conway y el dibujante John Buscema, en una espiral de despropósitos a base de una hipersexualización que la condujo a una maternidad forzosa, producto de una violación del villano Marcus.

Contra viento y marea

Pero el proceso de liberación de las superheroínas es imparable y, con una elevada dosis de lógica, serán las que comparten tareas con compañeros de grupo, como Jean Grey de los X-Men, Susan Storm de Los 4 fantásticos o Janet Van Dyne (Avispa) de Los Vengadores, quienes marcarán un camino que también seguirán las chicas malas como Wanda Maximoff (La bruja escarlata), Natalia Romanova (La viuda negra) o Medusalith Amaquelin (Medusa). Ellas formarán parte del primer supergrupo femenino, Lady Liberators, aparecido por primera vez en diciembre de 1970, en el número 83 de *The Avengers*, liderado por Valkyrie, una científica genial que emprende la primera batalla frontal contra el universo masculino de los superhéroes.

Con mayor o menor carga feminista, las superheroínas florecen de forma espectacular durante los años setenta con personajes como Namora, la prima del mutante submarino Namor, que se reconvierte en un personaje con mucha más personalidad en 1971, Mantis la experta en artes marciales capaz de darle una paliza al propio Capitán América, aparecida en 1973, Storm (Ororo Iqadi Munroe), la liberada ex de Black Panther surgida en 1975, o Spider-Woman (Jessica Drew), la contrapartida al famoso trepamuros, creada en 1977, por citar sólo a algunas de las más relevantes de una larga lista que se extiende en los años ochenta con figuras como She-Hulk (Jennifer Walters), probablemente el último gran personaje de Stan Lee, Dazzler (Alison Blair) o Firestar (An-

gelica Jones). Todas ellas son la cara visible de un movimiento de reivindicación feminista que tuvo sus años de pujanza en los setenta y que tuvo su reflejo en el mundo de los cómics, tal y como señala con precisión Anabel Vélez en su obra de indispensable referencia, *Superheroínas*: «Décadas antes, las superheroínas eran la novia de o iban en busca del anillo de casada. Si no que se lo digan a la Chica Invisible o a Avispa. Ese era el mensaje, si eran superheroínas lo eran como objeto de deseo del superhéroe», para añadir: «Desde sus inicios han tenido que luchar contra viento y marea para sobrevivir. Contra los prejuicios, contra el deseo de sexualizarlas, la censura, el machismo, las modas, las ventas... Pero año tras año y década tras década han conseguido encontrar su propio camino, hacerse un hueco, agarrarse con uñas y dientes y sobrevivir.»

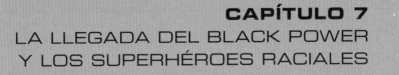

CAPÍTULO 7
LA LLEGADA DEL BLACK POWER Y LOS SUPERHÉROES RACIALES

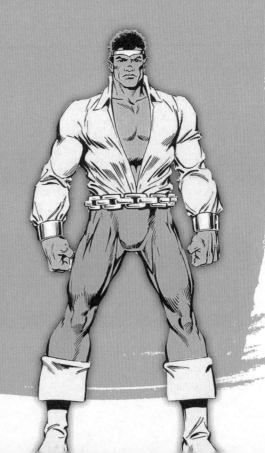

Del desprecio a la visibilidad

Durante sus primeros treinta años de vida los cómics apenas incluyeron personajes no blancos. Salvo contadas excepciones, los individuos 'no caucásicos' –nombre eufemístico que durante años se usó en los Estados Unidos para definir a los blancos, preferentemente de origen anglosajón– eran personajes secundarios o meras comparsas. El primer personaje negro aparece en las tiras de cómics en el año 1934 y es un personaje secundario, el Príncipe Lothar, el fiel ayudante del mago Madrake. Era un tipo musculoso, vestido como una especie de sirviente africano, prácticamente analfabeto y, a pesar de su título principesco, sin ningún atributo más que su fuerza física al servicio de la inteligencia y superioridad intelectual de su amo. Este estereotipo se mantuvo durante los años cuarenta, manteniendo a los negros en el papel de figurantes –y aun así, escasos– o caricaturizándolos de una manera cruel y humillante, como en el célebre caso de Ebony White, el ayudante con trato de criado de Spirit, que Will Eisner creó en 1940. Bautizado ácidamente como Ébano Blanco, el dibujo del personaje tenía la misma estética burlesca de los espectáculos Jim Crow, en los que los blancos imitaban burdamente

los estereotipos negros y el lenguaje que usaba –propio de un analfabeto integral– recordaba al de los negros sumisos tipo Tío Tom del cine de Hollywood de los primeros años. Algo similar sucedía con Gargantua T. Potts, el ayudante negro de Tex Thompson, el héroe vaquero creado de Action Comic, creado en 1939.

Los cómics no hacían más que reflejar la situación del racismo en los Estados Unidos, donde durante la primera mitad del siglo XX los negros, a los que todavía no se llamaba afroamericanos vivieron sometidos a una segregación racial que los relegaba ciudadanos de segunda, prácticamente sin derechos, especialmente en los estados del sur del país, los que habían sido esclavistas hasta el final de la Guerra Civil Norteamericana. Aunque a partir de 1930 las organizaciones racistas entraron en declive –el Ku Klux Klan pasó a tener oficialmente menos de 6.000 afiliados en todo el país– los negros del sur seguían sin poder ejercer su derecho al voto, los linchamientos eran frecuentes y no podían usar los mismos locales, transportes o servicios que los blancos. En las ciudades del norte la marginación era económica y social, manteniendo a los negros hacinados en guetos y tratados como el lumpen. El resto de minorías raciales no tenían cabida en los cómics, excepto los indios, los nativos americanos, que vivían físicamente confinados en las reservas y culturalmente relegados a las obras de temática western, y casi siempre haciendo de malos.

Vientos de guerra, aires de libertad

En el verano de 1941, mientras las tropas del ejército alemán avanzaban por Rusia y a pocos meses del bombardeo de Pearl Harbour que supondría la entrada de los Estados Unidos en la

Segunda Guerra Mundial, Timely Comics sacaba a los quioscos la primera aventura de The Young Allies, cuatro intrépidos adolescentes creados originalmente por Jack Kirby y Joe Simon, cuya misión era combatir a las tropas del eje formado por la Alemania nazi, la Italia fascista y el Japón imperialista. Su aparición se enmarca dentro de la campaña para animar a los ciudadanos a comprar bonos de guerra y el equipo incluía a Whitewash Jones, el nombre de combate de Washington Carver Jones, un piloto negro del que se hacía un retrato casi burlesco y estereotipado del negro valiente pero con escasas dotes intelectuales. En junio de 1942 la editorial Fawcett Comics decide incorporar también un personaje negro, Steamboat, otro caricaturesco ayudante del Capitán Marvel.

Tras la Segunda Guerra Mundial, durante la que prestaron servicio en el ejército cerca de un millón de soldados afroamericanos, los personajes negros de los cómics comenzaron a alejarse paulatinamente de los estereotipos racistas y adoptando papales de mayor protagonismo. En 1947, el periodista afroamericano Orrin Cromwell Evans, dirigente de la NAACP (Asociación Nacional para el Avance de las Personas de Color) –la principal organización en la lucha por la igualdad racial– crea *All-Negro Comics*, la primera revista de cómic escrita, dibujada y protagonizada exclusivamente por afroamericanos y que no pasó del primer número a causa de los problemas financieros y el bloqueo de los distribuidores mayoritarios de prensa. La revista acogió al primer detective negro, Ace Harlem, a Lion Man, un profesor universitario enviado por Naciones Unidas a una misión en África, y a los músicos ambulantes Sugarfoot y Snake Oil, además algunos personajes infantiles. Por fin, en 1954 –el mismo año en

que se decreta la abolición de la segregación racial en las escuelas– Marvel Comics, presenta al primer protagonista negro de una historieta, Waku, Príncipe de los bantúes, que aunque no tenía nada que ver con los superhéroes facilita el camino para que la editorial decida dar cada mayor protagonismo a los afroamericanos, aunque fuese como secundarios de peso, como Robbie Robertson, redactor jefe y futuro director del *Daily Bugle*, que aparece por primera vez en el número 51 de *The Amazing Spider-Man*, publicado en agosto de 1967. Originario de Harlem y con una infancia difícil, se convertirá en uno de los principales personajes de la saga del hombre araña. Los años sesenta verían una paulatina floración de personajes afroamericanos, como Gabriel 'Gabe' Jones, un marine del cómic Sargento Fury (Marvel, 1963), Lobo, un pistolero del Far West (DC, 1965), o el Dr. Foster, un personaje procedente del gueto de Los Ángeles, creado por Stan Lee en septiembre de 1966 y que se convertirá en el superhéroe Black Goliath en 1975. Pero el camino hacia la normalización sería largo y plagado de tensiones.

Black Panther y el estallido racial

En el verano de 1966 una oleada de disturbios raciales sacudió los Estados Unidos. Las calles de Nueva York, Los Ángeles, Chicago, Cleveland y Philadelphia, fueron escenario de motines, saqueos y disturbios, que fueron sofocados por la Guardia Nacional, fuerzas del Ejército de Reserva y policías locales. Los enfrentamientos se saldaron con al menos cuatro muertos, centenares de heridos y numerosos barrios completamente arrasados. La caldera del enfrentamiento racial estaba en plena ebullición y mientras los afroamericanos de las ciudades del norte estallaban contra años de segregación, en los pueblos y las ciudades del sur, el Ku Klux Klan y los supremacistas blancos, sometían a la población negra a todo tipo de presiones y vejaciones.

Justo en ese momento llega a los quioscos el primer superhéroe negro, Black Panther, en el número 52 de *Fantastic Four*. En línea con su permanente acercamiento a la realidad social del país, la editorial Marvel aprovecha el tirón de su grupo más popular de superhéroes, Los 4 Fantásticos, para presentarlo y acercarse a la población afroamericana, aunque sea indirectamente, porque el primer superhéroe negro no es norteamericano, sino africano. Con su nombre real, T'Challa, es el príncipe del reino de Wakanda, un país imaginario que posee enormes riquezas gracias a que un meteorito del proporcionó unas ingentes cantidades de un mineral llamado Vibranium, que absorbe las vibraciones y es codiciado por todas las potencias mundiales. El príncipe T'Challa ha sido educado en las mejores universidades del mundo y sucede en el trono a su padre asesinado antes de sumergirse de lleno en el mundo de los superhéroes tras un encuentro con el Capitán América. La buena acogida del público facilitó su continuidad en Marvel y su inclusión en el supergrupo de Los Vengadores, que se convierten así en el primer equipo multirracial de superhéroes.

Los días del orgullo negro

Sin embargo la identificación con el movimiento de la lucha por los derechos civiles de los negros no está tanto en el color de su piel como en su denominación, porque Black Panther es el nombre elegido por dos estudiantes de la Universidad de Oakland, Huey P. Newton y Bobby Seale, para denominar el partido revolucionario que crean ese agitado año de 1966. El BPP (Black Panther Party) es una organización que reivindica el nacionalismo negro, exige el cumplimiento de los compromisos del gobierno tras la abolición de la esclavitud, respecto a su derecho en igualdad a la educación, la vivienda, la sanidad y la justicia, y lo reivindicaban mediante la lucha armada y los programas sociales entre la población negra marginada y desfavorecida. Aunque el BPP fue creado oficialmente tres meses después de la aparición del superhéroe homónimo, es evidente que la coincidencia de nombres revela la oportunidad histórica de la aparición del primer superhéroe «de color», como se decía por entonces con un tono peyorativo. Durante un breve lapso de tiempo la editorial intentó evitar ese paralelismo y pasó a denominarlo Leopardo Negro, pero ya era demasiado tarde; el público se había encariñado con el personaje y éste volvió a su denominación original.

Stan Lee creó un personaje con habilidades sobrehumanas pero sin superpoderes especiales y Jack Kirby lo dibujó inicialmente con un estilo muy afro, sin máscara, con un traje de colores grises y amarillos y una capa rojinegra. Afortunadamente la versión final fue la del enmascarado con un traje completamente negro y apariencia de felino, que contribuyó a su éxito de forma importante.

Entre 1973 y 1976 tuvo su propio espacio en las páginas de la revista *Jungle Action*, donde protagonizó una aventura contra el Ku Klux Klan que le colocó en el centro de una polémica que se trasladó al propio equipo creativo. Además de su importancia como icono racial rupturista, Black Panther es uno de los superhéroes más populares de todos los tiempos y la prestigiosa publicación *online Comics Alliance* lo colocó en 2013 en el puesto 33 de los 50 personajes más populares del cómic.

Los afroamericanos reivindican su propia cultura

Dos años después de la aparición del primer superhéroe negro, irrumpe en escena el primero genuinamente afroamericano, Falcon, que hace su primera aparición en septiembre de 1968 en las páginas de *Captain America nº 117*. Su alter ego, Samuel Thomas Wilson, nació en Harlem, en el seno de una familia religiosa y tuvo una infancia alejada de la delincuencia que campaba por las calles del barrio, hasta que en su adolescencia se dio de bruces con el racismo y la violencia tras los asesinatos de su padre y su madre y se zambulló en los ambientes marginales y delictivos hasta que en un encuentro con el capitán América decide cambiar de bando y ponerse al servicio de la comunidad. Fue Black Panther quien le proporcionó su primer traje con unas alas mecánicas que le permitían volar y se convirtió en compañero del Capitán América en su lucha contra el mal. Falcon sale a la calle en una época de grandes tensiones raciales, cinco meses después del asesinato del líder negro Martin Luther King en el Lorraine Motel de Memphis, que sumergió al país en una oleada de disturbios raciales que afectaron a más de un centenar de ciudades y en los que murieron 46 personas, 2.800 resultaron heridas y más de 26.000 fueron arrestadas. La lucha por los derechos civiles había llegado a su punto álgido y tuvo se reflejó en el superhéroe creado por Stan Lee y Gene Colan. Desde el primer momento Falcon intento salir de la sombra de ayudante del Capitán América y trabajar con él en pie de igualdad, algo que consiguió después de tres años, a partir del número 134, cuando la serie pasó a denominarse oficialmente Captain America & Falcon, con lo que el superpatriota de la Marvel se convertía también en un abanderado la lucha por la igualdad racial.

Más o menos por esas fechas, en diciembre de 1971 se publica *Green Lantern Vol 2 nº 87*, en el que se narran las aventuras de John Stewart, un sustituto del segundo Green Lantern, Hal Jordan. Stewart es un personaje creado para DC Comics por Dennis O'Neil y Neal Adams, al que este último le confiere la personalidad de un afroamericano, aduciendo para ello más motivos de adaptación a la composición multirracial del mercado que motivaciones de

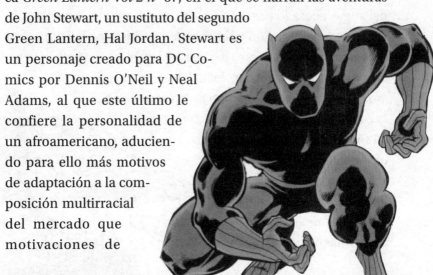

tipo ideológico. Sin embargo el bautismo de fuego del *Green Lantern* negro estuvo marcado por las tensiones y las sospechas, ya que su primer misión fue la de proteger a un político racista que resulta tiroteado mientras el superhéroe salva la vida de un policía. Tras muchos avatares su figura se consolidará y acabará desempeñando un importante papel en la Liga de la Justicia.

El blaxploitation llega al cómic

El primer superhéroe afroamericano con serie propia, Lucke Cage, aparece en julio de 1972, en el número uno de la revista *Hero For Hire.* Cage es un hombre de la calle, un duro en la más pura expresión de la palabra. Experto en lucha callejera, su piel es dura como el titanio, su fuerza es la de un misil y sus heridas cicatrizan a velocidad de vértigo. Nacido como Carl Lucas, creció en las calles de Harlem, donde se convirtió en un aprendiz de delincuente juvenil y tras pasar por prisión a causa de un turbio asunto de drogas, se convierte se convierte en Luke Cage, un héroe de alquiler, enfundado en un llamativo atuendo de camisa amarilla abierta hasta el ombligo, pantalón azul brillante y diadema plateada para enmarcar su pelo afro. Empecinado en la lucha contra los traficantes de drogas, atracadores y macarras que pululaban por su barrio, es en realidad un negro superviviente del gueto, acosado por un sistema racista y en lucha permanente por su rehabilitación pública. Aparece cuando el Black Power está en pleno auge, meses después del estreno de *Shaft*, la película que inauguró el *blaxploitation* –cine hecho por negros y para negros– y al mismo tiempo que sale a la calle *Superfly*, el álbum del cantante de soul Curtis Mayfield, que marca un hito en la música afroamericana, cuya temática fundamental era la vida en los guetos negros, con sus problemas de delincuencia, drogas y marginación social. Tras cambiar su personaje por otro de nombre más llamativo: Power Man, será fichado por los 4 Fantásticos para sustituir temporalmente a la Cosa y acabará codeándose con la primera división de los superhéroes, como el Capitán América, Spiderman, Los Vengadores o Thunderbolts. Con el paso del tiempo Cage ha ido evolucionando al mismo ritmo que las tendencias de la cultura afroamericana. Su pelo afro ha desaparecido, al igual que su chillona camisa de grandes solapas, y en los inicios del siglo XXI luce una cabeza afeitada y un atuendo callejero idéntico al de las estrellas del hip-hop en su versión más dura y violenta: el *gangsta rap*.

Más allá de la reivindicación de igualdad racial, el pueblo afroamericano ha comenzado a crear entre finales de los años sesenta y a principios de los setenta su propio espacio cultural y han comenzado a crear sus propios productos de ocio y las editoriales de cómics no quieren quedarse al margen y perder un importante público potencial. Por entonces la comunidad negra tiene ídolos propios que también causan admiración entre el público blanco. El campeón del mundo de boxeo, Muhammad Alí –que acabará protagonizando una incursión en el cómic de superhéroes en *Superman vs. Muhammad Ali*, publicado por DC en 1978– es el más visible de todos ellos junto a músicos como James Brown, Diana Ross o Dona Summer, actores como Richard Rountree–el protagonista de Shaft– o jugadores de baloncesto como Kareem Abdul-Jabbar.

La lista de personajes de raza negra en el cómic de superhéroes en los años setenta y ochenta se amplía de forma progresiva, con figuras tan destacadas como Blade, el superhéroe caza vampiros de Marvel creado en 1973 por Marv Wolfman y Gene Colan, Heather Glenn, la novia de Daredevil en 1975, Black Lightning, el primer superhéroe afroamericano de DC Comics, que aparece por primera vez *Black Lightning nº 1*, en 1977, Robbie Robertson, el secundario de Spiderman ya ci-

tado y su hijo Randy, amigo del trepamuros y que ejemplificaba a esa juventud negra que en los años setenta, a pesar de la marginación de los guetos y la tragedia de las drogas, logró doblar su número de estudiantes universitarios y participó activamente en los movimientos sociales de la época. Esta larga lista la engrosan también Jim Wilson, el amigo de Hulk surgido en 1970, Misty Knight, la primera superheroína que tuvo un novio blanco (Iron Fist), creada en 1975, War Machine - James Rhodes, el ayudante Iron Man, a quién llega a suplantar en alguna ocasión, creado en 1979 por Marvel, Cyborg, uno de los fundadores de La Liga de la Justicia surgido en *DC Comics Presents* en 1980, Stevie Hunter, profesora de baile y preparadora física de los X Men (Marvel, 1980), o la supervillana Amanda Waller (DC, 1986), por citar sólo a algunos de los más destacados de una larga lista de más de un centenar de nombres.

La revolución normalizadora

A pesar de los significativos avances en la lucha contra la segregación en el último cuarto del siglo XX, el problema racial estaba muy lejos de desaparecer, como demostraron los disturbios de Los Ángeles, desatados en abril de 1992, tras la polémica absolución de cuatro agentes de policía que habían sido grabados por un vídeo aficionado propinando una brutal paliza al taxista negro Rodney King. Las protestas se prolongaron casi una semana con un saldo de 55 muertos, más de 2.000 heridos y 1.000 millones de dólares en pérdidas materiales. Pero en los cómics el proceso de normalización continua imparable. Ese mismo año, la revista *Malibu Sun Nº13* publica la primera aventura de Spaw, un antihéroe creado por el canadiense Todd McFarlane para Image Comics. Se trata de Al Simmons, un agente afroamericano de la CIA, que se convierte en un *hellspawn*, un demonio simbiótico creado para comandar para las tropas del infierno. Este siniestro personaje, rodeado de un elenco mayoritariamente negro, se convertiría en uno de los *best seller* de la década. Pero es un año después, en 1993, cuando se produce la gran revolución del movimiento negro en el mundo del cómic. Denys Cowan, Dwayne McDuffie, Michael Davis y Derek T. Dingle, un colectivo de guionistas y dibujantes afroamericanos, crearon Milestone Comics, una editorial dedicada fundamentalmente a colecciones protagonizadas por negros. 45 años después del primer intento con la revista *All-Negro Comics*, se consolida un cómic netamente afroamericano.

El objetivo principal de Milestone Comics es dar verdadero protagonismo y visibilidad a los personajes negros y acabar con una situación peculiar en el que los afroamericanos seguían siendo una minoría, cuando no una rareza.

Con distribución de DC Comics, pero fuera de su control editorial, Milestone creó personajes como Hardware, un niño prodigio llamado Curtis 'Curt' Metcalf, que se convierte en un genio informático que usa sus conocimientos para luchar contra el crimen, Static, alter ego del pandillero adolescente Virgil Ovid Hawkins, que combina sus superpoderes electromagnéticos con sus tribulaciones juveniles en el más puro estilo del Spider-Man original, Icon, un superhéroe de origen extraterrestre al que acompaña una joven, Raquel Ervin, que huye de un gueto de la ciudad ficticia de Dakota y se convierte en la superheroína Rocket, o The Blood Syndicate, un supergrupo multirracial. Todos ellos tienen en común, aparte de su origen afroamericano y su permanente lucha contra el racismo, su militancia contra el fenómeno de las pandillas juveniles y los problemas con las drogas, la falta de acceso a la educación, la marginación y los embarazos adolescentes, una lacra para la comunidad negra de los Estados Unidos en los años últimos años del siglo xx y principios del xxi. Pero a pesar de sus esfuerzos y sus buenas intenciones, Milestone acabó cerrando su editorial de cómics en 1997 para centrarse exclusivamente en su producción audiovisual.

Plurales, diversos e integrados

Entre tanto, el proceso hacia la normalización continuaba imparable en las editoriales tradicionales, en las que los superhéroes
afroamericanos o de orígenes raciales diversos iban ganando terreno a medida que se imponía la realidad de un mercado cada
día más plural y diverso. Es el caso del mutante Bishop, de los
X Men, que aparece en 1991 con la personalidad de Lucas Bishop Williepondt, el hijo de unos aborígenes australianos que han
emigrado a Estados Unidos tras ser afectados por una explosión
nuclear. En la misma línea están Shadowman, publicado por Valiant Comics en 1992, un superhéroe cuyo alter ego es Jack Boni-
face, un músico de jazz de Nueva Orleans que se convierte en un
vengador con habilidades similares a las de un cruce de vampiro
y zombi, o Shondra Kinsolving, la amante afroamericana de Batman, creada en 1992.

En 1997 sale al mercado Mr. Terrific II, una reinterpretación
del personaje creado en 1942 por Charles Reizenstein y Everett E.
Hibbard para DC Comics. Si el primer Mr. Terrific era Terry Sloa-
ne, un blanco millonario filántropo, miembro de la Sociedad de
la Justicia de América, el segundo es un afroamericano llamado
Michael Holt, un atleta experto en artes marciales y una lumbre-
ra científica con numerosas carreras universitarias, que se acaba erigiendo en presidente de la propia Sociedad de la Justicia de
América. En 55 años las cosas habían cambiado mucho en la sociedad norteamericana, a pesar de la persistencia de numerosos
prejuicios racistas. Es ineludible incluir esta especial categoría de
superhéroes antirracistas a Nitghtwahk, un personaje creado por
Marvel en 2003, especializado en combatir a las bandas racistas
que han asesinado a sus padres.

En los últimos años el proceso de normalización racial ha quedado prácticamente completado con la aparición de personajes
de raza negra encarnando a los más grandes mitos del comic de
superhéroes, como el General Nicholas Joseph 'Nick' Fury, in-
terpretando a este personaje en *Ultimate Nick Fury*, publicado

en 2001, Calvin Hellis, el Isaiah Bardle que interpreta al Capitán América en 2003 y que es además el abuelo de Elijah Bradley, el Patriot de Los Jóvenes Vengadores (2005), la encarnación negra de Superman aparecida en 2009 –y que encarna nada más y nada menos que al presidente de los Estados Unidos, justo el mismo año en el que Barak Obama se convierte en el primer ciudadano de raza negra en llegar a la Casa Blanca– o el Miles Morales que encarna a Spiderman en 2011 en la serie Ultimate Spiderman.

El Tercer Mundo llama a la puerta

La cuestión de la desigualdad racial cobró una dimensión internacional a principios de los años setenta con el auge en todo el mundo del Movimiento de Países no Alineados que integra a la mayoría de los países del entonces llamado tercer mundo –hoy conocidos como países en desarrollo– que buscaban una posición propia frente a la política de bloques mantenida por los Estados Unidos y la Unión Soviética. África, Asia y América Latina buscan su propio lugar en el mundo, mientras se refuerzan las corrientes migratorias de los países del sur hacia los del norte que alcanzarán su plenitud a finales del siglo XX y comienzos del XXI. El universo de los superhéroes no es ajeno a esta corriente mundial y las páginas de los cómics comienzan a llenarse de personajes de distintas procedencias que buscan una nueva oportunidad en el llamado 'occidente desarrollado'. Este sería el caso de Brother Voodoo, creado para Marvel por Len Wein y Gene Colan en 1973. Su personaje original, Jeri-

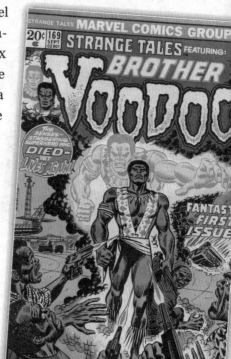

cho Drumm, es originario de Haití y emigró a Estados Unidos para convertirse primero en psiquiatra y más tarde en un superhéroe místico de fuerza sobrehumana y control psíquico, que colabora con Los Vengadores, SHIELD y Heroes for Hire.

Dos años después, en 1975, Marvel lanza Storm, cuyo alter ego, Ororo Monroe, comienza como ladrón y carterista en las calles de El Cairo para luego ser reclutada por el profesor Charles Xavier a cusa de sus capacidades mutantes para controlar el clima y la meteorología, integrarse en la segunda generación de los X Men y acabar casándose con el sudafricano Black Panther. También en 1975 se produce el debut de White Tiger, el sobrehumano experto en artes marciales nacido en San Juan de Puerto Rico como Héctor Ayala, que descubre sus poderes siendo un estudiante en Nueva York, iniciando una saga familiar que tendrá continuidad en su hermana Ava Ayala, que compartirá aventuras con Spiderman y Los Vengadores, entre otros. En 1982 Chris Claremont y Bob McLeod, crean Sunspot (Mancha Solar), un mutante nacido en Río de Janeiro como Roberto da Costa, con poderes de absorber y canalizar la energía solar. Reclutado también por el profesor Xavier para los X-Men y que pasará por otros supergrupos de Marvel, como X-Force, The Avengers o los New Mutants.

Los espaldas mojadas del cómic

Coincidiendo con el principio del colapso del régimen soviético y el inicio del llamado Periodo Especial en Cuba –los años en los que la isla caribeña padecía una severa crisis económica que propició la huida de miles de balseros hacia Estados Unidos– en 1989 se produce la primera aparición de Bandera, una superheroína de origen cubano, creada por Archie Goodwin y John Byrne para Marvel. Se trata de la hija de la hija de un desilusionado castrista que acaba huyendo a Miami y falleciendo a causa de las drogas, lo que la llevará a usar sus poderes para influir en la mente de los demás y combatir el tráfico de drogas en numerosas y ficticias repúblicas centroamericanas en las que apoya diversas revueltas nacionalistas. De origen cubano también es Kobalt, un despiadado vigilante creado por John Rozum y Arvell Jones para DC Comics en 1993. Otros superhéroes nacidos en Latinoamérica son Black Tarántula - Carlos LaMuerto (Marvel, 1997), nacido en argentina, Silverclaw (Marvel, 1998), originaria de la imaginaria y caribeña Costa Verde, la portorriqueña Slingshot/Yo-Yo Rodríguez (Marvel, 2008) o Batwing, el Batman de la República Democrática del Congo, publicado por primera vez en 2011.

Por cercanía y permanente actualidad merecen una mención especial los personajes procedentes de la frontera sur de los Estados Unidos, lo que podríamos calificar como los «espaldas mojadas de los superhéroes». Este es el caso de Rictor - Julio Esteban Richter, el primer superhéroe abiertamente bisexual creado por Louise y Walt Simonson para Marvel en 1987, o el de Duran, una especie de terrorista ecologista creado por DC en el 2000, el mismo año y la misma editorial que alumbraron a Imán - Diego Irigoyen, un brillante estudiante mexicano que se convierte en colaborador de Superman y que forma parte de la misma camada que Acrata - Andrea Rojas y El Muerto - Pablo Valdez. De origen mexicano y nacida en Brooklyn con mestizaje portorriqueño es la Spider-Girl, Anya Corazón (Marvel 2004). También el tercer Blue Beetle, Jaime Reyes, (DC 2006), es descendiente de mexicanos y originario de El Paso Texas, un personaje netamente racial cuyas aventuras suponen un acercamiento a la vida de la comunidad latina en los Estados Unidos. Chicano es también el pandillero de Los Ángeles, Roberto 'Robbie' Reyes, la reencarnación de Ghost Rider creada en el nº 1 de *All-New Ghost Rider*, en 2014. En un giro de tuerca racial, el primer superhéroe afroamericano, Falcon, resultará ser el espalda mojada Joaquín Torres, en la encarnación del nuevo Falcon que acompañará al Capitán America en sus aventuras de principios del siglo XXI.

CAPÍTULO 8
EL FIN DE SIGLO Y
LA DECADENCIA
DE LOS GIGANTES

Superman contra Spiderman

En enero de 1976 aparece en los quioscos norteamericanos *Superman vs The Amazing Spider-Man: The Battle of the Century* (*Superman vs. El sorprendente Spider-Man: La pelea del siglo*). La historia fue escrita por Gerry Conway y dibujada por Ross Andru y marcó un hito histórico en el mundo del cómic con la primera colaboración de importancia entre los eternos rivales, DC y Marvel, aunque ambas editoriales ya había colaborado nueve años antes en una adaptación de

The Wizard of Oz (El mago de Oz). A pesar de lo esperado del encuentro, las ventas no cumplieron con las expectativas de ambas empresas, pero abrió la puerta a numerosos futuros *croossover* entre superhéroes de ambas escuderías. Las dos grandes editoriales han captado el mensaje del público: los tiempos están cambiando y hace falta una renovación profunda de los contenidos para adaptarlos a un fin de siglo repleto de sobresaltos. Los años ochenta están a la vuelta de la esquina y los superhéroes están abocados a la vieja consigna de renovarse o morir.

En octubre de 1987 estalla una crisis bursátil conocida como Black Monday, que da al traste con la reactivación económica basada en la economía especulativa de la década que está a punto de terminar. La locomotora norteamericana ha comenzado a perder fuerza en la economía mundial. Por primera vez desde 1945 se registra una importante caída en la producción de dos sectores claves, la industria y la minería, mientras comienzan a crecer sectores no productivos. La caída del Muro de Berlin la noche del jueves 9 de noviembre de 1989, y el fin de la Unión Soviética en enero de 1990, certifican el fin de una era y se llevan por delante los últimos resabios de la Guerra Fría que tantos protagonistas le dio al cómic en sus días dorados. La crisis económica y la explosión de una nueva cultura juvenil derivada del concepto punk del 'Do It Yourself' (Hazlo tú mismo) fomentan la aparición de pequeños proyectos culturales, fanzines y revistas de corta vida pero gran creatividad contra los que el viejo sistema editorial no sabe como reaccionar. La imagen de Superman y Spiderman enfrentándose en los alto de Empire State, es también la de dos colosos de los viejos tiempos pugnando por liderar un mercado que se les empieza a escapar de las manos junto a la decadencia de un género, el *comic book*, que pierde terreno a pasos agigantados ante otras formas de ocio juvenil, como demuestra el impacto que tuvo en 1978 la película *Superman*, dirigida por Richard Donner, con una recaudación superior a los 300 millones de dólares que hace palidecer a las mejores cifras de ventas de los superhéroes de papel de aquellos días.

Marvel y DC, la decadencia de los gigantes

A finales de los años setenta la crisis parece haberse cebado con el mundo editorial y las dos grandes editoriales de *comic book* parecen sumidas en el desconcierto, que aumenta cuando un cambio legislativo en la normativa del copyright establece que la propiedad de los personajes pasa de las manos de las editoriales a las de sus creadores, lo que impulsa a las primeras a apretarles las tuercas a los segundos con unos contratos leoninos. Los dos rivales se lanzan a una serie de medidas desesperadas en busca de la reactivación de un mercado que languidece. DC, que es adquirida en 1976 por la multinacional Warner Communications, reduce drásticamente tanto el número de páginas como el de cabeceras y se lanza distintos experimentos para relanzar las ventas, como los *team-up*, la unión de dos personajes en una aventura completa –habitualmente con Superman como uno de los protagonistas– o los *free 16-page comics* (encartes gratuitos de colecciones distintas a las del título de cabecera). Lanzamientos como *New Teen Titans* (*Los Nuevos Titanes*), en 1980, o *Crisis on Infinite Earths* (*Crisis en tierras infinitas*), en 1985, suponen un repunte momentáneo, pero no logran una verdadera recuperación. Marvel por su parte se lanza a recuperar viejos mitos como Jean Grey, componente de los primeros X-Men, a endurecer otros, como Punisher, o a golpes de efecto como la boda de Spiderman con Mary Jane Watson, en 1987, además de embarcarse en nuevas vías de negocio como la emprendida en 1981 cuando crea Marvel Productions Ltd. y se lanza a la producción de series de animación.

Tanto los personajes como los argumentos de ambas editoriales cobran una mayor madurez en los años ochenta, lo que nos salva de colocarse al borde de la quiebra. Es lo que se ha dado en llamar la Modern Age. El público lee cada vez menos revistas de cómics y los superhéroes de papel tienen un inevitable regusto del pasado, por mucho que anden enfrascados en una serie de *crossovers* con mezclas de personajes, sagas paralelas, universos ficticios, muertes y resurrecciones que lo único que consiguen es desorientar cada vez más a un público que parece cada vez más cansado de un modelo de héroe que tiene ya más de medio siglo de vida.

En 1988 Marvel es adquirida por el magnate Ronald Perelman, un tiburón de los negocios al que le da lo mismo invertir en empresas automovilísticas, alimentarias, financieras o editoriales. Pero ni las jugadas de especulación bursátil, ni los cambios en la red de distribución, ni las resurrecciones de personajes como Silver Surfer o Doctor Strange, logran sacar a la editorial de su crisis galopante, que llegará a su peor momento a finales de los años noventa.

Watchmen, la posmodernidad de los superhéroes

En junio de 1984, en el numero 25 de *The Saga of the Swamp Thing*, Alan Moore y el dibujante Stephen Bissette dan vida a John Constantine, un superhéroe impregnado de la posmodernidad imperante. Es guapo, elegante, moderno, cínico, despiadado y además británico. Si a todo eso, encima le añadimos que la imagen que le han dado los dibujantes Stephen R. Bissette y John Totleben, es un remedo del personaje que el músico Sting interpreta en la película *Quadrophenia* –dirigida por Franc Roddam en 1979– tenemos un superhéroe directamente salido de la cultura punk, muy bien definido por Manu González en su libro *Dioses, Héroes y Superhéroes*: «Para el lector era un personaje muy cool, vestido de traje, guapo, con cierto aire punk, que utilizaba a la Cosa del Pantano para una buena causa, pero no dejabas de pensar en todo momento que el tío era un poco/ bastante cabrón».

En febrero de 1986, Frank Miller, que hasta entonces había estado danzando entre Marvel y DC sin acabar de ajustar su personal estilo a ninguna de las dos, publica *Batman: The Dark Knight Returns* y profundiza en la deriva crepuscular del comic tradicional. En los cuatro únicos números de la rompedora obra de Miller, éste nos muestra a un Bruce Wayne envejecido, retirado y alcoholizado, en un futuro próximo, con una corrupción y una violencia generalizada, y una sociedad sometida a la tiranía de los medios de comunicación. En medio de ese caos social, Batman regresa para realizar una última operación de violenta limpieza que le llevará a enfrentarse con el mismísimo Superman. Además de marcar definitivamente al personaje de Batman, que a partir de entonces cobra una nueva y más rotunda personalidad, este cómic supuso una nueva vuelta de tuerca en la narrativa de los superhéroes. Ese mismo año, el personaje más oscuro de la competencia, Daredevil, cae en manos de la escritora Ann Nocenti que sustituye precisamente a Frank Miller al frente de los guiones y que, junto al dibujante John Romita Jr. imbuye al personaje de una profundidad humana y una dimensión política que le colocan en un difuso territorio moral.

Los ochenta son los años de la posmodernidad, una época marcada por el escepticismo, la crisis del sistema y la ambigüedad. La pérdida de credibilidad de los superhéroes de aquella época queda patente en un artículo publicado en 1989 por Julián Hernández, el inquieto líder del grupo Siniestro Total, en el número 3 de la enciclopedia por fascículos *Gente de Cómic*: «Los superhéroes ya no son exactamente lo que eran. Sus superpoderes, antaño envidiados por todos los mortales, les agobian. No son normales y se deprimen porque no pueden bajar a tomarse unas cañas a la esquina sin que la gente se ría de ellos o les recuerde que deben salvar al mundo de algún horroroso peligro».

Pesimismo, desencanto y guerra sucia

Pero será el pintoresco ácrata Alan Moore el que apuntillará a los superhéroes clásicos con una obra que destila caos, desolación y desesperanza: *Watchmen*. Creado junto el dibujante Dave Gibbons, entre septiembre de 1986 y octubre de 1987, el cómic narra una desalentadora historia de superhéroes sin poderes, en una fase crepuscular de sus vidas, marcados por la depresión, la neurosis y las facturas de un pasado violento, triste y miserable. Son personajes acordes con el mundo real, que es un mundo cada vez menos optimista. El 26 de abril de 1986 en la central de Chernóbil, en Ucrania, se produce la mayor catástrofe nuclear a escala internacional de la historia y siete meses después el presidente de los Estados Unidos, Ronald Reagan, y el de Unión Soviética, Mijail Gorbachov, se reúnen a solas durante cuatro horas en una modesta casa de Reikiavik, Islandia, en un intento de frenar la escalada de tensión entre los dos países, que han regresado a los peores días de la Guerra Fría. Mientras, en la ficción, en un hipotético –pero no descabellado– tiempo histórico en el que la guerra nuclear es una amenaza inminente, los personajes creados por Alan Moore pertenecen a un grupo de superhéroes implicados en la guerra sucia de Estados Unidos contra el comunismo internacional, que han sido absorbidos por el sistema o jubilados y declarados ilegales.

La obra fue recibida por la crítica especializada con una mezcla de entusiasmo y veneración y calificada como la historieta que elevó al cómic a la máxima categoría como arte narrativo y el inicio de una nueva era para el género. Entre los numerosos elogios recibidos figura el de Stan Lee, que en un reconocimiento con retruécano, afirmó que era su «cómic favorito de todos los tiempos no publicado por Marvel». Para sus detractores, que también los hay, Watchmen vendría a ser un timo consistente en darle al texto tintes de profundidad intelectual que no consigue ocultar que no hay nada verdaderamente nuevo en esa extraña historia de superhéroes que no parece que lo sean.

En lo que no hay controversia es en que fue un éxito comercial que colocó momentáneamente a DC un cuerpo por delante de Marvel, en la inacabable carrera entre ambas empresas, y que llevó sus personajes a una dimensión desconocida hasta entonces. Los superhéroes, que siempre se han movido entre las sombras de la nocturnidad y el lado salvaje de la calle, se mueven ahora por las cloacas del sistema.

Las nuevas editoriales independientes

En la última década del siglo xx los superhéroes vivieron ensimismados en su propio mundo, bastante ajenos a los grandes acontecimientos sociales, en una época de bonanza económica en la que no dejaron de pelearse entre ellos, construyendo universos de ficción y creando sagas interminables que llegaban a no tener el más mínimo sentido narrativo. Al contrario que en los años ochenta, en los noventa los cómics se alejaron bastante de las preocupaciones cotidianas de sus lectores, salvo honrosas excepciones como cuando en 1992 el número 106 de *Alpha Flight*, el *cómic book* del supergrupo canadiense homónimo, acoge una de las primeras salidas del armario y aborda la pandemia del sida cuando North Star se confiesa ante la prensa, tras la muerte de su hija adoptiva a causa de la infección por VIH. Todo eso ocurre diez años antes de enamorarse de Iceberg, su compañero en los X-Men, grupo al que pertenecía por entonces, tras abandonar a los Alpha Flight y escribir su memorias tituladas *Nacido normal*, que son un canto a la aceptación de la diferencia como gay y como mutante. Por cierto que los miembros del colectivo LGTB en el mundo de los superhéroes rondan los 310, según la página web gayleague.com.

A finales de los años noventa la crisis en el mercado de los cómics llegó a ser de tal calado que amenazó la propia supervivencia de las dos grandes empresas editoriales. Marvel llegó a acumular una deuda de dos millones de dólares y en enero de 1997 entró en suspensión de pagos y tras una serie de litigios legales y pugnas económicas es adquirida por Tobyzm una empresa que fabrica juguetes y que la relanza con la marca Marvel Enterprises, para acabar siendo digerida en 2009 por el gigante del entretenimiento Walt Disney Company por la mareante cifra de más de 4 mil millones de dólares. DC sobrevivió al amparo de su nueva propietaria desde 1989, Time Warner, intentando adaptarse a las nuevas necesidades del mercado con nuevas líneas editoriales como el sello Vértigo Cómics, creado en 1993 para captar a un nuevo público adulto produciendo títulos como *V de Vendetta*, *Swamp Thing* (La cosa del pantano) o *Animal Man*.

Para entonces el mercado del cómic había empezando a dejar de ser cosa de dos, gracias a la proliferación de editoriales independientes como Dark Horse Comics, creada en 1986 por el escritor y publicista Mike Richardson, como extensión de una cadena de tiendas de cómics, que inmediatamente se forjó una reputación publicando títulos como *Hellboy*, de Mike Mignola, *The Mask*, de Mike Richardson y que inspiró la película homónima, o *Sin City*, de Frank Miller. Además se han especializado en la publicación de cómics basados en películas como *Star Wars*, *Alien, Predator, Starship Troopers*. Está considerada como la editorial más importante por detrás de Marvel y DC. En 1989 Jim Shooter y Bob Layton fundan Valiant Comics dedicada a publicar historietas de superhéroes de algunos de los mejores creadores, como Barry Smith (*Conan el Bárbaro*), David Lapham (*Balas Perdidas*), Mark Waid (*Flash, Capitán América*), o Brian Augustyn (*Crimson* y *Out There*).

Los desertores de Image Comics

En 1992, cinco años antes de la crisis en la que implosionó Marvel, las tres estrellas de la editorial, Jim Lee, Todd McFarlane y Rob Liefeld, cansados de las abusivas políticas empresariales y viéndose venir el naufragio, decidieron abandonar el barco y fundar Image Comics, un sello independiente que les garantizaba los derechos de propiedad sobre sus creaciones, lo que atrajo a

otros antiguos compañeros, dejando a Marvel como un erial creativo. Entre sus títulos más famosos figuran *Spawn, The Darkness,
Youngblood, The Walking Dead* o *ShadowHawk*. Dentro de este
universo independiente destaca también Avatar Press, fundada
en 1996 por William A. Christensen, que logró reclutar a figuras
del calibre de Alan Moore (*Providence, Cinema Purgatorio, Fas-
hion Beast*), Garth Ennis (*Caliban, Crossed*), o Warren Ellis (*Su-
pergod, FreakAngels, No Hero*). El mismo año que Avatar se creó
IDW, aunque no dio el salto al mundo del cómic hasta 2002, cuando publicó la prestigiosa miniserie *30 días de oscuridad*, aunque
su verdadera especialidad es la publicación de cómics basados en
películas, series de televisión y videojuegos como *Transformers*,
las *Tortugas Ninja*, los *Cazafantasmas* o *Star Trek*.

En enero de 2003, Geekpunk, una editorial independiente
norteamericana, saca al mercado *Super Hero Happy Hour*, un cómic creado por el Dan Taylor y el dibujante Chris Fason, que in-
cide en la línea de desmitificación de los superhéroes abierta por
Watchmen17 años antes, pero en un tono de abierta sátira que
centra la acción en bar en el que los protagonistas se reúnen para
beber y comentar los avatares de su vida laboral. Sin embargo, sus
creadores olvidaban que sólo DC y Marvel tenían el derecho legal
a usar la palabra superhéroe en la portada de sus publicaciones,
así que tuvieron que dejarlo en *Hero Happy Book*, un signo de los
viejos tiempos que se resisten a morir.

CAPÍTULO 9
LOS SUPERHÉROES
EN EL SIGLO XXI

Las secuelas de 11 S

El siglo XXI tuvo un brusco y trágico despertar el 11 de septiembre de 2001, cuando un grupo de fanáticos del grupo terrorista Al Qaeda perpetró cuatro atentados simultáneos matando a cerca de 3.000 personas, la mayoría en las torres gemelas del World Trade Center de Nueva York. Aquella masacre marcó las relaciones internacionales y dejó una profunda huella en la sociedad civil, no solo norteamericana, sino de todo el mundo. El miedo se volvió algo más concreto y trajo consigo una crisis de moral entre la defensa de los derechos humanos y las garantías de seguridad, que todavía no se ha cerrado. Los superhéroes se vieron obviamente sacudidos por este dilema y sus cómics reflejaron desde el primer instante el horror y las consecuencias de aquel cobarde asesinato en masa.

El 17 de octubre del 2001 Marvel lanza *Heroes*, un número especial con recopilaciones de ilustraciones realizadas por Neal Adams, Dave Gibbons, Neil Gaiman, Alan Moore, Frank Miller, Joe Quesada o Todd McFarlane, entre otros muchos grandes del cómic, como homenaje a los bomberos, médicos, sanitarios, policías y voluntarios, que aquellos días lucharon para tratar de salvar

la vida a las personas atrapadas en la llamada Zona 0, perdiendo muchos de ellos la vida en el intento. Los fondos recaudados, 250 mil dólares, fueron destinados a las viudas e hijos de los homenajeados fallecidos. Los propios trabajadores de Marvel vivieron el atentado de primera mano, ya que la redacción y las oficinas que la compañía tiene en Manhattan no quedan demasiado lejos del lugar de los hechos.

Tres meses después del atentado sale al mercado *The Amazing Spider-Man, 36, vol. 2*. Con una portada completamente en negro, excepto las letras blancas de la cabecera, el cómic escrito por J. Michael Straczynski y dibujado por John Romita Jr. y Scott Hanna, es un homenaje de los propios superhéroes a los voluntarios a los que Spiderman acude a ayudar en las tareas de búsqueda de supervivientes, a las que pronto se suman el Capitán América, Thor, la Masa, Ciclope y el resto de la plantilla superheroica. Incluso supervillanos del calibre de Dr. Doom o Kingpin, aparecen en algunas viñetas totalmente afectados y con lágrimas en los ojos. El 9 de enero de 2002, la editorial publica también *A moment of silence*, con cuatro historietas que recrean la actuación de bomberos, policías y médicos el día del atentado.

Un nuevo desorden mundial

DC Comics se sumó a los homenajes con dos publicaciones de carácter benéfico para las víctimas y sus familias, con dos volúmenes titulados genéricamente *9-11: September 11 2001*. El volumen uno, *9-11: Artists Respond*, estaba dibujado y editado por varios artistas de Dark Horse, Image y Chaos, como Will Eisner, Alan Moore, Melinda Gebbie y Tommy Lee Edwards, entre otros; y el volumen dos, *The World's Finest Comic Book Writers & Artists Tell Stories to Remember*, por artistas de DC como Neil Gaiman, Brian K Vaughan,

Kurt Busiek, Stan Lee, Geoff Johns o Chris Bachalo. A la cadena so-
lidaria se sumó también Alternative Comics con *9-11 Emergency
Relief*, a beneficio de la Cruz Roja, con historietas Will Eisner, Dan
Cooney, Carol Lay o Jason Martin. Fuera del ámbito de los superhéroes hay que destacar *The 9/11 Report: A Graphic Adaptation*
(*El informe del 11-S: una adaptación gráfica*), publicado por la editorial Hill and Wang y realizado por Sid Jacobson y Ernie Colón en
base al informe que elaboró la comisión investigadora del Congreso de los Estados Unidos.

Pero más allá de la reacción inmediata y los cómics de homenaje, los atentados del 11 S influyeron también en los contenidos
de los cómics de superhéroes en los que las amenazas de supervillanos de ficción y procedentes de galaxias remotas, son sustituidas, al menos en los años inmediatamente posteriores, por las
más reales y concretas del terrorismo internacional, especialmente el del integrismo islámico, e incorporan también tramas que
contemplan las guerras en Oriente Próximo o las consecuencias

de la amenaza terrorista para la defensa de los derechos humanos, reflejada en la visita del Capitán América en 2004 a Guantánamo, para vigilar de cerca un juicio a un acusado de terrorismo, una prisión en la que estuvo encerrado el propio Green Lantern en su reaparición en *Green Lantern nº 0*, de 2012.

Remontando la crisis... hasta la crisis final

En enero del 2000 Bill Jemas, el controvertido y breve presidente de la división de nuevas publicaciones y edición de Marvel Cómics, abre una nueva etapa en la vida de los superhéroes, que marcará su evolución en las primeras décadas del siglo XXI. Tras la crisis financiera que estuvo a punto de llevársela por delante sólo tres años antes, la compañía necesita un plan de choque y Jemas recurre dos vías, una la línea *Ultimate*: rescatar a los personajes históricos con nuevos orígenes que permiten todo tipo de experimentos con el guion, o sea, empezar de cero literalmente. Spiderman, Daredevil, Iron Man o Los Vengadores se reinventan y revisan su pasado con nuevos personajes y nuevas tramas que permiten el acercamiento de un público más joven que, o bien las desconocía, o bien le resultaban sosa y anticuadas. La otra vía de Bill Jemas es la apuesta definitiva por el traslado progresivo con armas y bagajes, del cómic al cine. Jemas, bastante dado a las declaraciones públicas agresivas, acabó abandonando Marvel en 2004, pero su apuesta no sólo ha salvado a la editorial de la crisis, sino que la ha llevado a conocer tiempos boyantes.

En general el mercado del cómic empezó a regenerarse en la nueva centuria. Las ventas de revistas iniciaron una ligera remontada a la que ayudaron decisivamente el incremento del merchandising, los videojuegos y, sobre todo, las películas y series de televisión. DC amplió los criterios del negocio en el 2004 comenzó a vender manga en el mercado americano, también recuperó también a sus personajes más clásicos e incluso hizo un movimiento similar a su competidora al revisar los fundamentos de sus superhéroes en la serie *Crisis Infinita* en 2005. Superman regresa con un personaje llamado Kal-L. La Liga de la Justicia de América regresa con un nuevo equipo y regresan los Seven Soldiers, un superequipo de 1941.

Todo este baile de rejuvenecimientos se complica todavía más con la llegada de la llamada *Final Crisis*, en 2008, curiosamente el mismo año que estalla la crisis económica mundial, conocida como Gran Recesión, cuyas consecuencias se prolongan hasta nuestros días. A pesar de los cambios y malabarismos introducidos tanto por Marvel como por DC, la crisis financiera global los arrastró, junto a buena parte de las compañías independientes, a una etapa de quebrantos económicos a la que sobreviven gracias fundamentalmente al tirón del cine y los formatos digitales.

La nueva era digital. Videojuegos y tabletas

Tras el gran salto que supuso el paso del papel a las pantallas del cine y la televisión, que afectó no sólo al formato, sino a la propia narrativa del universo de los superhéroes y de la concepción de la historia y los personajes, el final del siglo xx trajo consigo la revolución digital y con ella la inevitable y explosiva irrupción de los superhéroes en las pantallas digitales, donde hoy se logran cifras de difusión y venta millonarias. Y la cosa no ha hecho más que comenzar. Del primer rudimentario videojuego de Super-

man lanzado por Atari en 1978, a *Lego Batman: The Videogame*, el videojuego de superhéroes más vendido de la historia, han pasado más de tres décadas de acelerada revolución digital que ha ido dejando por el camino a numerosas versiones de superhéroes informatizados.

Al Superman de 1978, le sucedieron un nuevo Superman, en 1978, y Spiderman en 1982, todos con la rudimentaria videoconsola Atari 2600. En 1984 el universo de los videojuegos dio un importante salto adelante con la aparición de Ocean Software, que en 1986 lanzó un desarrollado juego de Batman, pronto superado a principios de los noventa por los lanzamientos de Sega Master System, con los clásicos Superman y Batman, y el Silver Surfer de Software Creations. A mediados de los ochenta se realizó el primer comic completo en formato digital. En esa época las editoriales de cómics, que acababan de atravesar una severa crisis, buscaban nuevas vías de negocio y se lanzaron a colocar a sus personajes en todas las plataformas existentes, aunque no todo fueron éxitos. El primer videojuego del Capitán América, *Captain*

America in: The Doom Tube of Dr. Megalomann salió al mercado en 1987 con escaso éxito y fue calificado genéricamente como
decepcionante, todo lo contrario a lo que sucedió con Batman en
1989 desarrollado por la compañía japonesa para NES y Sega Ge-
nesis. En los noventa la palma se la llevaron *crossovers* como *Marvel Super Heroes vs. Street Fighter*, desarrollado en 1996 por Capcom, sin olvidar el legendario *Teenage Mutant Ninja Turtles Out of
the Shadows*, uno de los juegos más populares de la década, protagonizado por el supergrupo más peculiar, el de las Trtugas Ninja, cuyo universo pertenece ya más a las pantallas que al papel.

Salto de pantalla al siglo xxı

En el año 2000, que comenzó con la amenaza del Y2K, también
conocido como Efecto 2000, que suponía un presunto descala-
bro en todo el sistema informático mundial–y que acabó siendo
un mero «bluf»– la compañía Capcom repitió éxito con *Marvel vs
Capcom 2: New Age of Heroes*, creado conjuntamente Backbone
Entertainment, es la cuarta entre de la saga *Marvel vs Capcom*,
tiene como jugadores a los principales personajes de ambas empresas, que comenzaron su colaboración en 1993 con un juego de
Árcade. En 2004, *Spiderman 2*, una adaptación de la película de
Sam Raimi, fue considerado uno de los mejores videojuegos de
su época y causó un gran impacto entre el público. En 2005 Raven Software desarrolló *X-Men Legends II: Rise of Apocalypse*, un
videojuego que gozó de gran popularidad, superando a su antecesor, *X-Men Legends*. En 2009 se produce un punto de inflexión
fundamental en la historia de los videojuegos de superhéroes con
la aparición de *Batman: Arkham Asylum*, con un éxito arrollador
que tuvo su secuela en *Arkham City 2011*. Ese mismo año salió al
mercado *DC Univers Online*, videojuego de rol multijugador masivo en línea presentado en 2011 por Sony Online Entertainment.
Otro de los videojuegos mejor considerados de todos los tiempos
es *Injustice: Gods Among Us*, desarrollado por NetherRealm Stu-
dios y lanzado en 2013, permite elegir entre 20 personajes entre

los que figuran lo más granado de DC, como Batman, Superman, Wonder Woman, Flash, Aquaman, el Joker, Lex Luthor, Raven o Catwoman, entre otros y los escenarios van desde la Batcueva de Batman a la Atalaya de la Liga de la Justicia. En 2014 brilló especialmente *The Amazing Spiderman 2,* cuyo argumento está extraído directamente de la película homónima. Cerramos este resumen del paso de los superhéroes por las pantallas digitales con *Lego Marvel Vengadores,* lanzado en 2016 y desarrollado por Traveller's Tales, es la última y exitosa aportación de Lego al universo de los superhéroes. Superman y sus herederos tienen todavía una larga vida por delante, aunque quizá no sea el papel el que la sustente por mucho más tiempo.

La imparable ascensión de los superhéroes digitales

Tratándose de un sector editorial con un publico mayoritariamente juvenil, resulta obvio que el cómic de superhéroes sea también uno de los que más rápida y eficazmente se haya adaptado a la revolución digital. En 2016 las ventas de cómics en Estados Unidos y Canadá alcanzaron los 870 millones de dólares, de los que 90 millones corresponden a versiones digitales para móbiles, tabletas y ordenadores, lo que supone en aumento del 260% en los últimos tres años.

El primer gran paso hacia la digitalización lo dio Marvel, que en 2007 lanzó Marvel Digital Comics Unlimited, un archivo digital con miles de cómics. Desde 2011 DC simultanea sus lanzamientos en papel con versiones digitales para iPad y Smartphones. Pero el ejemplo más evidente de la imparable evolución del formato digital es la empresa Comixology.com, actualmente en manos de Amazon y conocida como el «iTunes de los cómics» –tanto Marvel como DC la usan como distribuidora de sus productos digitales–, que desde su nacimiento en el año 2009, ha vendido más de 6.000 millones de páginas de cómics. Como era de esperar, Marvel y DC no se han quedado de brazos cruzados y

han lanzado sus propias apps, en el primer caso AR y en el segundo Madefire, que además ofrecen todo tipo de material extra, incluida la animación de escenas, bandas sonoras, interacción, etc., lo que permite ampliar la oferta a las nuevas generaciones de lectores, nativos digitales, poco acostumbrados a la narración lineal que ofrecen las tradicionales publicaciones en papel.

Quizá el punto de inflexión en esta evolución del formato de *comic book* en papel a digital sea la aparición en 2013 de el primer número de *The Private Eye*, el primer cómic netamente digital creado por Brian K. Vaughan y Marcos Martín, con precio opcional –incluso gratuito– cuyo éxito espectacular abre la puerta a un definitivo trasvase en la edición de cómics y revistas, que permitirá evolucionar más allá de la rigidez del dibujo planteado en viñetas estáticas. El siguiente paso se anuncia para el año 2018 con el lanzamiento de una nueva plataforma de DC que incluirá lanzamientos de series en formato televisivo y cómics digitales.

CAPÍTULO 10
PELÍCULAS Y SERIES

Del blanco y negro al 3D

Desde el modesto y casi doméstico rodaje de *Superman and the Mole* Men en 1951, al estreno de la millonaria superproducción *Spider-Man: Homecoming*, previsto para 2017, los superhéroes y las pantallas han recorrido un camino paralelo, retrolimentándose a veces, influyéndose casi siempre e incluso ignorándose en más ocasiones de las deseadas. Desde el principio las pantallas de los cines primero y las de los televisores después, han proporcionado a los superhéroes una popularidad y una proyección social que no les daban las revistas y *comic books* en las que habían nacido.

Desde el primer momento se convirtieron en un referente en el universo cultural adolescente. Pero fue a finales de los años setenta, con el Superman de Richard Donner, cuando los dos géneros culturales comenzaron a caminar de la mano para beneficio mutuo. El cine se ha ido convirtiendo poco a poco en la nueva casa de los superhéroes y los cómics han ido alimentando de personajes e ideas a una industria cinematográfica que en ocasiones no parece demasiado sobrado de ellas.

Desde comienzos de este siglo, las dos grandes editoriales de comic, DC y Marvel –pertenecientes ambas desde hace décadas a los dos grandes emporios del cine y el entretenimiento, Warner y Disney– se han embarcado en una feroz competición por hacerse con la mayor parte del pastel de la taquilla cinematográfica de los superhéroes, que se ha perfilado como un filón de ganancias millonarias. Si Marvel parece llevar la delantera se debe especialmente a su búsqueda de un público más amplio que el de los consumidores de cómics, apostando definitivamente por el salto del negocio hacia el universo de las pantallas, tengas estas el formato que tengan, mientras que DC parece seguir dirigiéndose más a un público más de aficionados al género, que ciertamente se cuentan por legiones. Lo cierto es que en las dos últimas décadas los personajes nacidos hace más de 75 años en modestas revistas de papel, no sólo han encontrado acomodo en las grandes y pequeñas pantallas, sino que han encontrado en el cine y la televisión un nuevo hogar que les garantiza un nuevo público y una nueva supervivencia. Reseñamos a continuación algunas de las películas fundamentales para entender esta larga relación entre dos artes, el séptimo y el noveno, según la clasificación oficial, que muchas veces son la expresión de una misma inquietud, un

mismo mensaje, con códigos narrativos similares. Como se suele decir, no están todas las que son, pero indudablemente sí son todas las que están y además acreditan una influencia mutua, porque como señala Quim Casas en su obra *Películas clave del cine de superhéroes*: «Muchas películas de superhéroes de tonalidad reflexiva no se entenderían sin la existencia de determinados cómics, del mismo modo que algunas historieta de mutantes y otras criaturas extrañadas del mundo que les ha tocado vivir tampoco habrían surgido con la misma fuerza sin algunos precedentes cinematográficos.»

Superhéroes de cine

Superman and the Mole Men
Lee Sholem, 1951
Superman y los *Hombres Topo*, como fue traducida en España, más que una película es un capítulo piloto para una serie televisiva que triunfó en los años cincuenta y está interpretado por George Reeves y Phyllis Coates, en los papeles de Superman y Lois Lane, respectivamente. Se trata de un película de serie B, en blanco y negro, con un guion de Richard Fielding (conocido también como Robert Maxwell), que narra la lucha del hombre de acero contra una especie de hombres topo –que en la película no pasan de ser unos risibles enanos con cabeza de huevo– que viven en el interior de la tierra y salen a la superficie cuando una explotación petrolífera invade su hábitat, lo que curiosamente coloca a Superman al servicio de los poderosos y contra unos hombrecillos ridículos. El actor George Reeves, que protagonizó también la serie televisiva acabó completamente atrapado por el personaje, que anuló completamente su carrera como actor en otras producciones. La primera película de Superman fue una paupérrima producción que rozó el ridículo, pero sirvió para potenciar la popularidad del personaje más allá de las páginas del cómic.

Batman: The movie

Leslie H. Martinson, 1966

El primer largometraje sobre el personaje de Batman se inspira directamente en la serie de televisión, cuyo éxito impulsó este film de Greenlawn Productions con un presupuesto de casi un millón y medio de dólares y que se rodó en poco más de un mes. Interpretada por Adam West, en el papel de Batman, y por Burt Ward, en el de Robin, la película rebosa estética pop, la cultura que imperaba por aquellos días en los Michelangelo Antonioni acababa de estrenar *Blow-Up*, el film emblemático de la contracultura y coincidiendo también con el lanzamiento del LP *Sunshine Superman*, con el que el cantante Donovan inaugura de psicodelia. A pesar de lo apolíticamente anodino de su trama, la película fue censurada en España durante la dictadura franquista por una escena en la que se parodiaba al embajador español ante la ONU, y no fue estrenada hasta 1979, tras la restauración democrática.

Superman
Richard Donner, 1978

La producción que marca el antes y el después en las películas de superhéroes se rodó para conmemorar el 40 aniversario de la aparición del Hombre de Acero y se convirtió en un éxito sin precedentes en el cine de superhéroes debido fundamentalmente a la incorporación de las técnicas más novedosas del momento en efectos especiales –aunque a algunos con el tiempo les provoquen risión– y por el trabajo del elenco de actores, integrado por Christopher Reeve, Marlon Brando, Gene Hackman, Ned Beatty, Glenn Ford y Margot Kidder. De adaptar el personaje creado por Jerry Siegel y Joe Shuster, al guion cinematográfico se encargó el mismísimo Mario Puzo, autor de la novela en la que se basa la película *The Godfather* (*El padrino*), dirigida por Francis Ford Coppola en 1972. La película fue un éxito absoluto de taquilla con una recaudación que acabó superando los 300 millones de dólares, y obtuvo tres nominaciones a los Oscar y una a los Globos de oro. Para el público español tuvo la curiosidad añadida de que Superman tuviese la voz del cantante Manolo García, tanto en está película como en las otras tres de la saga.

Superman II
Richard Lester, 1980

Protagonizada prácticamente por el mismo elenco que la anterior, exceptuando a Marlon Brando, la historia vuelve a estar escrita por Mario Puzo, David Newman y Leslie Newman. Esta vez Superman comienza con una salvamento espectacular de Lois en la Torre Eiffel y sigue con una ruta de aventuras internacionales dirigidas por Richard Lester, un cineasta solvente que había hecho desde películas de los Beatles: *Help!* y *A Hard Day's Night*, a filmes de aventuras como *Los tres mosqueteros* o thrillers como *El enigma se llama Juggernaut*. La película logró aguantar la expectación creada por la primera de la serie y se convirtió en otro rotundo éxito. Paralelamente circuló una edición pirata de Superman II, basada en la versión de Richard Donner, o más bien en el abundante material inédito de la grabación de la primera película. Parte de este material fue editado oficialmente en 2006 integrada en el lanzamiento de *Superman: The Ultimate Collection.* La película dirigida por Richard Lester en 1980 fue el último éxito de la serie, que tuvo dos secuelas más: *Superman III*, también dirigida por Lester en 1983 con pobres resultados de taquilla y *Superman IV: The Quest For Peace,* dirigida Sidney J. Furie en 1987 que supuso el batacazo económico definitivo y el final la saga original de Superman.

Supersonic Man
Juan Piquer Simón, 1980
Escrita por Sebastian Moi y el propio director, narra las aventuras de un superhéroe llegado de un confín remoto de la galaxia para salvar a la Tierra, amenazada por un científico loco. Se trata de un dignísimo –incluso sorprendente– homenaje del cine español al superhéroe arquetípico creado con Superman, al tiempo que un intento de la productora Almena Films, de aprovechar el efecto rebufo del éxito de la película protagonizada por Christopher Reeve dos años antes, algo que el director se empeñó en negar durante toda su vida. Esta curiosidad de avezado coleccionista, llegó a exhibirse en cines norteamericanos y está interpretada por Antonio Cantafora, Cameron Mitchell, José Luis Ayestarán, Diana Polakov y José María Cafarell.

Condorman
Charles Jarrott, 1981
El guion de esta comedia de aventura y fantasía, escrito por Glenn Gordon, Mickey Rose y Marc Stirdivant, está inspirado en la novela *El Juego de X,* del escritor de ciencia ficción Robert Sheckley. En una producción con el sello de Walt Disney Pictures, un autor de cómics de escasas habilidades físicas, se convierte en un superhéroe que es reclutado por la CIA después de lanzarse desde la

Torre Eiffel con el traje de su personaje, Condorman. Protagonizada por Michael Crawford, Oliver Reed, Barbara Carrera, James Hampton, Dana Elcar y Jean-Pierre Kalfon, la película fue masacrada por la crítica, pero con el tiempo se ha convertido en otra de esas rarezas para ultra aficionados.

Swamp Thing
Wes Craven, 1982
Un guion del propio director basado en el personaje creado por Len Wein y Berni Wrightson, en el que el científico Alec Holland tras un enfrentamiento con los villanos, cae envuelto en productos químicos ardiendo en los pantanos del sur de Estados Unidos y reaparece convertido en la Cosa del Pantano para proteger a una investigadora perseguida por un malvado de manual llamado Arcade. El film tuvo una buena acogida comercial y una aceptación razonable por parte de la crítica. Siete años después tuvo su continuación en una secuela de absoluta serie B titulada *El regreso de la Cosa del Pantano*.

Supergirl
Jeannot Szwark, 1984
Esta producción británico-norteamericana, con flojo guion de David Odell, es uno de los pinchazos históricos del cine superheroico. Protagonizada por Linda Lee, contaba con un reparto de grandes estrellas como Faye Dunaway, Peter O'Toole, Simon Ward o Mia Farrow, que no consiguieron salvar del naufragio –sino todo lo contrario– este film mediocre producido por Alexander e Ilya Salkind. La única que destacó fue la propia protagonista, Helen Slater (Supergirl), que fue nominada al premio Saturn a la mejor actriz en una película de terror, fantasía o ciencia ficción. La película no aguantó ni tres meses en cartel y fue un rotundo fracaso comercial.

The Toxic Avenger
Michael Herz y Lloyd Kaufman,1986

El Vengador Tóxico, la parodia de superhéroes más famosa de la
serie B es un endeble empleado de un gimnasio que cae en un ba-
rril de ácido tóxico y se convierte en un delirante y obsceno superhéroe, más propio del cine gore, que clama venganza armado
con una fregona. Sus escenas de sexo y vísceras lo han convertido en película de culto y film estrella de la productora independiente norteamericana Troma, que tuvo su propia versión de cómic en papel, cuatro secuelas, una serie de televisión adaptada
al publico infantil con mensaje ecologista, e incluso un musical.

Batman
Tim Burton, 1989
Tras la nueva savia que le había dado Frank Miller al personaje y
el éxito de la película *Superman*, la cadena de televisión CBS se
interesó por el personaje y encargó un primer guion a Tom Man-
kiewicz, quien no lo vería materializado. Tras casi una década de
pruebas con otros escritores y una eterna elección del casting y la
búsqueda de un gran estudio que respaldase el proyecto, la película vio la luz como una producción de Warner Bros, con un
guion de Sam Hamm y Warren Skaaren e interpretada por Michael Keaton, Jack Nicholson, Kim Basinger, Pat Hingle y Robert
Wuhl. Tras un azaroso rodaje, la película llegó a los cines rodea-
da de una gran polémica y muchas dudas respecto a la elección

del protagonista, pero su estreno rompió incluso las previsiones más optimistas. Su éxito en taquilla estuvo acompañado de una fiebre de 'Batmanía' que recaudó 750 millones de dólares sólo en mercancía relacionada con el personaje y la película, que durante el primer fin de semana recaudó cerca de 44 millones de dólares. Las críticas fueron muy positivas y acabaron de encumbrarla a la categoría de mito del cine de aventuras.

The Punisher
Mark Goldblatt, 1989
Aunque en los países de habla hispana la película fuese titulada *Vengador*, el guion de Boaz Yakin es la primera adaptación a cine de las aventuras de El Castigador, el ex-agente de la policía, cuya familia fue asesinada por la mafia, que vive en las alcantarillas y libra una guerra brutal y sin cuartel contra el crimen organizado, y que en este caso está interpretado por Dolph Lundgren, a quien acompañan Louis Gossett Jr., Jeroen Krabbé y Kim Miyori. La película tuvo una floja acogida en una época en la que los cómics y los superhéroes no pasaban precisamente por un momento de gloria comercial. Sin embargo, para mucho fans del personaje es uno de los films que mejor recoge su espíritu brutal, despiadado y ejecutivo.

Darkman
Sam Raimi, 1990
Escrita por el propio director, cuenta la historia de un científico con el rostro abrasado por un ataque de un grupo de delincuentes y que gracias a su fórmula para la fabricación de piel humana le permite imitar las facciones de quien desee y de este modo vengarse de su agresores. Está interpretada por Liam Neeson, Frances McDormand, Colin Friels y Larry Drake. Tuvo el suficiente éxito como para provocar dos secuelas, aunque pensadas directamente para su lanzamiento en vídeo: *Darkman II: El regreso de Durant* y *Darkman III*. El mismo año de su lanzamiento Marvel editó la versión en cómic escrita por Ralph Macchio y dibujada por Bob Hall.

Batman Returns
Tim Burton, 1992
Tres años después del éxito de la primera entrega, Burton vuelve a la carga con el hombre murciélago en una superproducción espectacular interpretada por un elenco muy similar: Michael Keaton, Danny DeVito, Michelle Pfeiffer, Christopher Walken, Pat Hingle, Michael Murphy y Michael Gough. A pesar de recibir algunas críticas iniciales por su violencia y tenebrosidad, la secuela superó en éxito a su predecesora, tanto en lo que se refiera a su recaudación en taquilla –266.83 millones de dólares en todo el mundo– como a las críticas de la prensa especializada. Algunas entidades familiares norteamericanos protestaron por considerarla inadecuada para niños, a causa de su violencia explícita y sus referencias sexuales e incluso la multinacional MacDonalds censuró su publicidad en los restaurantes y productos de la cadena. A pesar de prejuicios morales, el film marca un hito en el cine de superhéroes, certificado por sus secuelas *Batman Forever*, en 1995, y *Batman & Robin*, en 1997.

The Fantastic Four
Oley Sassone, 1994
Una legendaria película producida por Roger Corman, el genio de la serie B, que no llegó a estrenarse nunca y sólo existen algunas copias en vídeo. Nacida por el arrastre del éxito de *Batman*, fue una iniciativa del productor alemán Bernd Eichinger, que había adquirido los derechos sobre el equipo de superhéroes y necesitaba comenzar la producción inmediatamente, para lo que acudió a Corman. Rodada en el increíble tiempo de 28 días en unas condiciones muy precarias, el film entró en fase de posproducción y comenzó a eternizarse en ese limbo. Se llegó a anunciar un estreno en Minnesota, cuya cancelación a última hora fue el anuncio del fin. La noche del fracasado estreno los negativos desaparecieron y se descubrió que la productora no tenía intención de estrenarla ni acabarla. Todo era una negocio especula-

tivo con los derechos de Los 4 Fantásticos. Pero una copia logró salvarse de la quema y convertirse en una rareza de culto. Toda esta peripecia esta narrada en el documental *Doomed: The Untold Story of Roger Corman's The Fantastic Four*.

El Cuervo
Alex Proyas, 1994
Basado en el personaje de cómic creado por James O'Barr, el guion fue escrito por David J. Schow y John Shirley, pero la verdadera causa de su popularidad fue la muerte del protagonista, Brandon Lee, en un accidente una escena de la película, recibiendo un balazo real a manos del actor secundario Michael Massee. La destrucción de los fotogramas que recogen la muerte de Lee y la febril imaginación de los fans, echaron a rodar una leyenda negra que conectaba la muerte de Brandon con la de su padre, el famoso karateka Bruce Lee, fallecido en circunstancias misteriosas también durante un rodaje. La leyenda aupó al mito a una película cuyo mayor mérito es su estética de videoclip y que estuvo interpretada, además de por Brandon Lee, por Ernie Hudson, Rochelle Davis, David Patrick Kelly y Michael Wincott. Tras muerte del protagonista la productora estudió abandonar el proyecto, pero al final la película se acabó de rodar con un doble y mucho trabajo de ordenador.

The Phantom
Simon Wincer, 1996
Aparte de un rudimentario serial cinematográfico de 1943, el precursor de los superhéroes tuvo que esperar 60 años para dar el salto del papel a la pantalla. Pero el personaje creado por Lee Falk no tuvo demasiada fortuna en su debut en la gran pantalla, debido en parte al guion de Jeffrey Boam, demasiado atado al lenguaje de las historias originales y un tanto infantil. Billy Zane, Kristy Swanson, Treat Williams, Catherine Zeta-Jones y James Remar son los protagonistas de una película que ya parecía vieja el día

de su estreno. A pesar de unas críticas amables, cuando no elogiosas, la venta de entradas fue mucho menor de lo esperado y el merchandising tampoco funcionó bien, lo que dio al traste con las dos secuelas que estaban previstas.

Blade
Stephen Norrington, 1998
La presentación cinematográfica del superhéroe caza vampiros creado por Marv Wolfman y Gene Colan es una mezcla de cine de acción, terror y vampiros modernos, protagonizada por Wesley Snipes, Stephen Dorff, Kris Kristofferson y N'Bushe Wright, a los que sumó el morbo de la participación de la ex actriz porno Traci Lords. A pesar de que las críticas especializadas fueron un tanto tibias, la película alcanzó notoriedad entre los fans del personaje, recaudó 131.2 millones de dólares en todo el mundo y tuvo dos secuelas *Blade II* y *Blade: Trinity*.

X-Men
Bryan Singer, 2000
La primera película sobre el supergrupo mutante fue todo un éxito y abrió las puertas a que Marvel se volcase definitivamente en la explotación de sus personajes a través del cine, tanto o más que en su formato original de cómic. Está interpretada por Patrick Stewart, Hugh Jackman, Halle Berry, Ian McKellen, Famke Janssen, Anna Paquin, Rebecca Romijn y James Marsden, que encarnan al profesor Xavier y su selecto grupo de mutantes, cuyo origen narra el film. La crítica la acogió con reseñas muy positivas y en 2001 recibió el Premio Hugo a la mejor película de fantasía y ciencia ficción. Tuvo cinco secuelas, *X2 X-Men United* (2003), *X-Men: The Last Stand* (2006), *The Wolverine* (2013), *X-Men: días del futuro pasado* (2014) y *Logan* (2017), y tres precuelas, *X-Men Origins: Wolverine* (2009), *X-Men: Primera Generación* (2011) y *X-Men: Apocalypse* (2016).

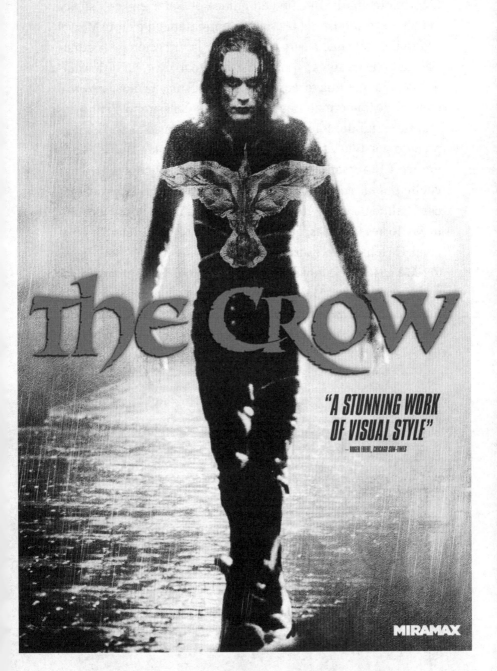

Spider-Man

Sam Raimi, 2002

La primera aparición cinematográfica de Peter Parker y su super alter ego supuso el más sonado enfrentamiento entre Marvel y Stan Lee, que había sido apartado de la dirección de la editorial cuatro años antes y que no había visto ni un dólar de los más de 800 millones que recaudó el film. La justicia le dio la razón al creador de Spiderman tres años después del estreno. El film fue un éxito rotundo, con un guion escrito por David Koepp e interpretado por Tobey Maguire, Willem Dafoe, Kirsten Dunst, James Franco y Rosemary Harris. El estreno de la película estuvo envuelto por las consecuencias de los ataques terroristas del 11S, especialmente por la destacada presencia en el paisaje del film de las Torres Gemelas, que provocaron la retirada del trailer original. Ha tenido tres exitosas secuelas: *Spider-Man 2* (2004) y *Spider-Man 3* (2007), ambas dirigidas por Sam Raimi y protagonizadas también Tobey Maguire, Kirsten Dunst y James Franco y *The Amazing Spiderman*, en 2012, dirigida por Marc Webb, que a su vez tendría otra secuela, *The Amazing Spider-Man 2: Rise of Electro*, en 2014.

Daredevil (2003)

Mark Steven Johnson

Aunque había tenido una irreconocible aparición en el telefilm *El juicio del increíble Hulk*, de 1989, el Hombre sin Miedo dio el salto a la gran pantalla con esta película escrita por el propio director con Ben Affleck como protagonista, acompañado por Jennifer Garner, Michael Clarke Duncan y Colin Farrell. Sumándose al éxito económico de sus predecesoras de la factoría Marvel, la semana de su estreno la película recaudó más de 45 millones de dólares, aunque al final se convirtió en un fracaso de taquilla y la crítica la valoró muy por debajo de *X-Men* y *Spider-Man*. Como homenaje a la discapacidad visual de Matt Murddock, los títulos de crédito están transcritos en el sistema Braille norteamericano. En 2004 se lanzó una edición en DVD con nueva versión del director con nuevas escenas y una trama secundaria.

Hulk

Ang Lee, 2003

La primera película de este personaje estuvo protagonizada por Eric Bana, Jennifer Connelly, Sam Elliot y Nick Nolte, que inter-

preta al personaje alrededor del que gira la trama, el padre de Bruce Banner, en una curiosa exploración de los orígenes de un Hulk creado mediante técnicas informáticas, y que obtuvo críticas dispares; mientras que los detractores se quejaron de que era excesivamente introspectiva, sus defensores destacaron el novedoso enfoque de los personajes y su lograda estética, que usaba numerosas viñetas con los colores básicos del personaje, el verde y morado. Los resultados de taquilla también fueron modestos. Cinco años más tarde, en 2008, Marvel recuperó los derechos y produjo *The Incredible Hulk*, dirigida por Louis Leterrier y protagonizada por Edward Norton, Liv Tyler y Tim Roth, con mejores críticas que la primera, pero resultados económicos similares.

Batman Begins
Christopher Nolan, 2005
Con guion del propio Christopher Nolan y David S. Goyer, el reparto estuvo encabezado por Christian Bale, Michael Caine, Liam Neeson y Katie Holmes. El director se inspiró en *Blade Runner*, la película de Ridley Scott en 1982, para dar a su film un tono apocalíptico y melancólico, consiguiendo una positiva, cuando no entusiasta, reacción de la crítica, que la situó muy por encima de la media de las películas de superhéroes. La prestigiosa revista británica *Empire* la colocó entre las 500 mejores películas de todos los tiempos.

Fantastic Four
Tim Story, 2005
La película, que tuvo una floja acogida, especialmente por parte de la prensa, estuvo protagonizada por Ioan Gruffudd, Jessica Alba, Chris Evans, Michael Chiklis, Julian McMahon. El orgulloso padre de la criatura, Stan Lee, tiene una breve aparición como cartero que lleva el correo al cuartel general del grupo. Provocó dos secuelas, *Fantastic Four: Rise of the Silver Surfer*, de 2007, en la que Lee aparece como invitado a la boda de Sue Storm y Reed

Richards, y *Fantastic Four (Fant4stic)*, en 2015, la película que supuso el final de la vida del supregrupo en los cómics de Marvel a causa de los problemas legales suscitados entre la editorial y la 20th Century Fox.

The Dark Knight

Christopher Nolan, 2008

Con guion del propio director y su hermano, Jonathan Nolan, el film resalta mucho el personaje del Joker, interpretado por Heath Ledger, quien falleció el 22 de enero de 2008, poco después del estreno contribuyendo a que la película entrase en el territorio legendario. Christian Bale, Michael Caine, Maggie Gyllenhaal, Morgan Freeman y Gary Oldman, completan el reparto de la película, que fue nominada a 8 Oscar y ganó dos, además de un centenar de galardones de distintas academias y entidades artísticas. Está considerada como una de las mejores películas de la primera década del siglo XXI y una de las mejores de superhéroes de todos los tiempos. Es la segunda película de la trilogía dirigida por Christopher Nolan, que comenzó en 2005 con *Batman Begins* y finalizaría en 2012 con *The Dark Knight Rises*.

Iron Man

Jon Favreau, 2008

Con esta película Marvel completaba el cupo de personajes famosos con proyección en el cine, con un nuevo éxito arrollador y abre la que se conoce como fase 2 de su universo cinematográfico. Tras casi dos décadas de intentos fallidos con diversas productoras, la editorial decidió hacerse cargo de la producción con el apoyo de la Paramount para la distribución. Los interpretes fueron Robert Downey Jr., Terrence Howard, Gwyneth Paltrow, Paul Bettany, Shaun Toub y Jeff Bridges. Marvel y Paramount realizaron un ambiciosa una campaña de lanzamiento que incluía un videojuego multiplataforma basado en la película y la vinculación del film a todo tipo de productos como coches, cadenas de hamburgueserías y fabricantes de material informático, lo que contribuyó decisivamente en el éxito económico del film, que llegó a recaudar más de 585 millones de dólares. Además de unas críticas excelentes, cosechó dos nominaciones a los premios Oscar y tres premios Saturn de la Academia de Ciencia Ficción, Fantasía y Películas de terror.

Watchmen
Zack Snyder, 2009

La adaptación cinematográfica de este cómic de culto se debe especialmente a la insistencia del productor Lawrence Gordon, que desde que se publicó la obra original en 1986 intentó llevar adelante el proyecto con casi todas las grandes productoras, que en líneas generales consideraban prácticamente imposible llevar con éxito a la gran pantalla una historia tan compleja. Al final fue Legendary Pictures, una compañía especializada en coproducir películas de superhéroes como *Batman Begins* o *Superman Returns*, la que puso en marcha el proyecto con un elenco de actores formado por Jackie Earle Haley, Patrick Wilson, Billy Crudup, Jeffrey Dean Morgan, Malin Akerman y Carla Gugino, que dieron vida a los superhéroes crepusculares creados por Alan Moore y Dave Gibbons, y adaptados a la pantalla por los guionistas Alex Tse y David Hayter. Recibida por la critica con más tibieza de la esperada, la película cosechó un notorio éxito de público. Alan Moore, fiel a su promesa de no involucrarse en ninguna adaptación cinematográfica de su obra, solicitó que su nombre no figurase en los créditos.

Thor
Kenneth Branagh, 2011

Tras un intento fallido de Sam Raimi en 1991 y varios proyectos de distintos estudios cinematográficos, el dios del Trueno llegó a las grandes pantallas dos décadas después de la mano del director, guionista y actor de Belfast, con un reparto integrado por Chris

Hemsworth, Tom Hiddleston, Natalie Portman, Stellan Skarsgård y Anthony Hopkins. Fue el cuarto personaje del universo Marvel que arrasó en las taquillas de los cines, con unas críticas que no ahorraron elogios como «superproducción deslumbrante» o «el superhéroe más entretenido desde la *Spider-Man* original», aunque hubo medios como el *New York Times* que criticaron un exceso gratuito de efectos especiales. Ha tenido dos secuelas *Thor: The Dark World* (2013) y *Thor: Ragnarok*, todavía no estrenada.

Captain America: The First Avenger
Joe Johnston, 2011
Con una lograda ambientación retro, la primera película sobre el más norteamericano de los superhéroes, con permiso de Superman, tuvo una acogida favorablemente unánime como film de aventuras. Su producción se vio afectada por la huelga de guionistas en Hollywood de 2007 y2008. Interpretada por Chris Evans, Hugo Weaving, Sebastian Stan, Hayley Atwell, Stanley Tucci, Tommy Lee Jones, Dominic Coopery Neal McDonough, la película obtuvo una recaudación mundial de 370 millones de dolares y provocó dos secuelas: *Captain America: The Winter Soldier*, en 2014 y *Captain America: Civil War*, 2016.

The Avengers
Joss Whedon, 2012

El supergrupo dirigido por Nick Fury y que reúne a lo más granado del universo Marvel, fue otro paso decisivo en la apuesta de la
editorial por el mercado cinematográfico. La película contó con
un extenso reparto de lujo integrado por Tom Hiddleston, Robert
Downey Jr., Samuel L. Jackson, Chris Hemsworth, Chris Evans,
Scarlett Johansson, Mark Ruffalo, Jeremy Renner, Clark Gregg,
Stellan Skarsgard y Cobie Smulders, que hicieron un excelente
trabajo, a decir tanto de la crítica como de los espectadores. Fue
un éxito sin precedentes en taquilla, con más de 1.500 millones
de dólares, lo que la sitúa como la quinta película con mayor recaudación de la historia.

The Dark Knight Rises
Christopher Nolan, 2012

Con el mismo reparto y el mismo equipo que las dos anteriores.
esta película cierra la trilogía del director sobre el Caballero de la
Noche. Con un alarde de diseño y efectos especiales, el film fue
recibido con las mejores puntuaciones por parte de los críticos
cinematográficos y fue un absoluto récord de ventas apoyado en
una campaña publicitaria abrumadora que incluyó hasta coches
de la Fórmula 1, aunque su salida al mercado se vio ensombrecida por el tiroteo producido durante su estreno en un cine de Colorado en el que murieron 12 personas y resultaron heridas más
de 50. Al parecer el agresor, un perturbado que fue condenado a
13 cadenas perpetuas, habría gritado «Soy el Jóker» durante el tiroteo, aunque la policía acabó retirando este dato de sus infor-
mes.

Man of Steel
Zack Snyder, 2013

Con esta nueva versión de Superman, la editorial DC empren-
día definitivamente una seria apuesta por volcarse en la produc-

ción de películas de superhéroes, en liza directa con su eterna rival, Marvel, que estaba acaparando el mercado. El guion se le encargó a David S. Goyer y para el papel de Superman fue elegido Henry Cavill, un actor británico cuya carrera había estado dirigida sobre todo a la televisión y que estuvo acompañado por Amy Adams, Michael Shannon, Diane Lane y Kevin Costner. A pesar de su magnífica recaudación –668 millones de dólares– la película estuvo lejos de ser el éxito esperado, debido sobre todo a las críticas a su guion demasiado lineal y a la poca profundidad en el tratamiento de los personajes. La versión en DVD para consumo doméstico obtuvo unas ventas que superaron los 100 millones de dólares. La campaña de promoción incluyó el anuncio de una inminente reunión cinematográfica de Batman y Superman que se plasmaría tres años después en el estreno del film *Batman vs Superman: Dawn of Justice*, dirigida también por Zack Snyder y que a pesar de sus buenos resultados económicos fie literalmente destrozada por la crítica.

Ant-Man
Peyton Reed, 2015
El personaje creado por Stan Lee y Jack Kirby en 1962, llegó por fin a la gran pantalla 52 años después con la personalidad del delincuente rehabilitado Scott Lang, en realidad el segundo personaje que usó el nombre de Ant-Man y obra de David Michelinie y John Byrne. Paul Rudd da vida al Hombre Hormiga, acompañado en el reparto por Corey Stoll, Evangeline Lilly, Michael Peña y Michael Douglas, entre otros. Las reseñas positivas en los medios de comunicación y el buen resultado económico volvieron a certificar el recorrido cinematográfico emprendido por Disney y Marvel que con este film cerraba el segundo ciclo filmográfico de sus personajes –que había comenzado en 2013 con *Iron Man 3*– y abrió una nueva etapa en dura competencia con DC, para variar.

Deadpool
Tim Miller, 2016
Esta secuela de X-Men está, a mayor gloria de uno de los supervillanos más bocazas, interpretada en su papeles principales por
Ryan Reynolds, Morena Baccarin, Ed Skrein, Gina Carano y T. J.
Miller. Se trata de una de las adaptaciones más fieles del personaje del cómic creado en 1991 por Rob Liefeld y la crítica la acogió
con una favorable unanimidad como una de las mejores películas de superhéroes del siglo XXI. Es la película de toda la saga de
los X-Men que más dinero ha recaudado y una de las más taqui-
lleras de la historia del cine en términos absolutos.

Las superseries televisivas

En 1939, un año después de que la revista *Action Comics* publi-
case la primera aventura de Superman, la National Broadcasting
Company (NBC) se convirtió en la primera cadena de televisión
en realizar retransmisiones regulares, al emitir en directo la inau-
guración de la World´s Fair de Nueva York, la exposición universal con la que se pretendía abandonar el espíritu de la Gran Depresión y mostrar a los norteamericanos los avances científicos y

técnicos que pronosticaban un futuro mejor, bajo el lema *Construyendo el mundo de mañana*. Además de inventos como el aire acondicionado, las películas a color y tejidos como el nailon, una de las estrellas de la exposición fue la propia televisión, un invento que por aquellos días llegaba sólo a unos pocos centenares de hogares americanos. Uno de los asistentes al evento fue Superman, encarnado por el actor Ray Middleton, pero el primer superhéroe y la televisión no tendrían su primer encuentro formal hasta doce años más tarde, en la serie *Adventures of Superman*, en 1951.

Los primeros superhéroes se pudieron ver primero en los seriales cinematográficos, unas películas de 15 o 20 minutos de duración que narraban una historia dividida en poco más de una docena de capítulos y que habitualmente se exhibían en los cines junto a los noticiarios y antes de las películas. Además de aventuras de ciencia ficción como *Flash Gordon: La Invasión de Mongo*, de la Universal Pictures en 1936, seriales famosos de héroes enmascarados fueron los de *La Máscara del Zorro*, de Republic Pictures en 1937, *La Sombra*, Columbia Pictures, y *Green Hornet*, de Universal Pictures, ambos en 1940, *The Adventures of Capitan Marvel* (Las aventuras del Capitán Maravillas) de Republic en 1941, *Batman*, de Columbia en 1943, *The Phantom*, también de Columbia en 1943, *Capitán América* de Republic Pictures en1944, *Superman*, en 1948, *Batman y Robin*, en 1949 y *Atom Man vs. Superman*, en 1950, los tres últimos producidos por Columbia.

La televisión comenzó a producir sus primeras series propias a finales de los años cuarenta y principios de la cincuenta, cuando pasó de estar presente en poco más de 40.000 hogares en 1946, a ser un aparato utilizado en casi 5 millones de casas en 1950. Las primeras series de aventuras en televisión fueron de temática western, como *The Lone Ranger*, emitida por la ABC en 1949, ciencia ficción, como *Captain Video and His Video Rangers*, producida por DuMont Television en1949 o aventuras, como *El Zorro*, de la ABC en 1957. También marcaron un hito en la ficción televisiva *The Invisible Man*, de ITV en 1958, *Doctor Who*, de la BBC en 1963 o *The Green Hornet* de ABC en 1966. Pero hasta 1952 no apareció la primera serie televisiva sobre superhéroes verdaderamente reseñable e, inevitablemente, tuvo como protagonista al Hombre de Acero.

Adventures of Superman
ABC, 1952
Emitida por primera vez el 19 de septiembre de 1952, estuvo protagonizada por George Reeves, con efectos especiales bastante innovadores para la época. A partir de 1954 comenzó a emitirse en color. Reeves se convirtió en uno de los personajes más populares de los años cincuenta pero se quedó encasillado en el papel de Superman y acabó sumido en una depresión. Murió en su casa de un balazo en la cabeza, en un suicidio envuelto en una leyen-

da que afirmaba que había muerto creyéndose inmune, igual que el personaje que interpretaba.

Batman

ABC, 1966

Interpretada por Adam West (Batman) y Burt Ward (Robin), se convirtió en uno de los programas más populares de la televisión norteamericana entre 1966 y 1968, con 120 episodios emitidos. Al igual que le había sucedido a Reeves, la fama del personaje acabó devorando al actor principal. Por su diseño y colorido, la serie acabó convertida en un icono de la era pop.

Ultraman

Tokyo Broadcasting System, 1966

Mítica serie japonesa sobre un superhéroe de 40 metros de altura, similar a un androide de cuerpo plateado y rojo, al que daba vida el actor Susumu Kurobe. Su inmensa popularidad en todo el planeta se debió en buena medida al éxito precedente de la película *Godzilla*, estrenada en 1954 con un impacto mundial.

Spider-Man

Grantray-Lawrence Animation, 1967

La primera aparición televisiva de Spiderman fue esta serie de animación de producción canadiense, de 53 episodios, emitida por ABC apenas cinco años después de la primera aparición del hombre araña en el cómic. Era muy fiel a las tramas originales ideadas por Stan Lee y aunque la calidad del dibujo era bastante mala logró una enorme popularidad, especialmente entre el público infantil.

Wonder Woman

ABC, 1975

Esta legendaria serie nos presenta a la princesa de las amazonas convertida en una joven moderna que conduce un descapotable y trabaja para la Agencia Especial de Defensa, Lynda Carter, cuyo rostro fue durante varias décadas el de la Mujer Maravilla para la mayor parte del público. A pesar del enorme éxito de la serie, la cadena ABC era reacia a su renovación y no aguantó más de tres temporadas.

The Incredible Hulk
CBS, 1978
El actor Bill Bixby se hizo mundialmente famoso gracias a esta primera adaptación televisiva de *El Increíble Hulk*, en la que se cambiaron casi todas las referencias al cómic original –incluidos los nombres de los personajes–, pero que convirtió a Hulk en un personaje famoso entre 1978 y 1982. Mientras que Bixby interpretaba al Doctor David Banner, el culturista Lou Ferrigno daba vida a un inolvidable Hulk.

The Amazing Spider-Man
CBS, 1977
El Hombre Araña regresó a la televisión con esta serie de capítulos de 45 minutos de duración –esta vez protagonizada por actores de carne y hueso–, interpretada por Nicholas Hammond y que sólo duró 13 episodios y que tuvo una fama efímera.

The Greatest American Hero
ABC, 1981
El Gran Héroe Americano, como fue conocida en España, es quizá una de las series más populares que la televisión ha dedicado a un superhéroe, aunque en este caso se trate de una parodia interpretada por William Katt, que da vida a un profesor con un físico endeble y alumnos difíciles, que durante un encuentro con extraterrestres obtiene un traje con superpoderes que maneja con elevadas dosis de torpeza, que es precisamente la gracia del asunto y lo que le dio la enorme popularidad que tuvo en los años ochenta.

Flash

CBS, 1990

La historia se centra en el segundo Flash, Barry Allen, interpretado por John Wesley Shipp, en una serie muy correcta que no tuvo suerte, ya que fue cancelada a causa de la baja audiencia que le provocó sobre todo su competencia horario directa con la serie de dibujos animados *Los Simpson*, estrenada unos meses antes.

Batman: The Animated Series

ABC, 1992

Serie de animación que durante su segunda temporada pasó a denominarse *Las Aventuras de Batman y Robin*, que estuvo muy influenciada por la película *Batman* de Tim Burton y que fue dibujada por Bruce Timm. Su éxito fue espectacular y está considerada como una de las cinco mejores serie de animación de todos los tiempos.

X-Men

FOX, 1992

Con historias bastante fieles a los cómics originales, muestra los problemas personales de los famosos mutantes, aunque con unos cuantos errores de continuidad que no le restaron calidad ni menguaron su popularidad. Se emitió durante cinco temporadas y propició la aparición de numerosas series de animación de superhéroes durante los años noventa.

Lois & Clark: The New Adventures of Superman
ABC, 1993
Dean Cain y Teri Hatcher dieron vida a los personajes centrales de esta producción que se centra en los dos reporteros del *Daily Planet*, evolucionando desde la relación de compañeros de trabajo, el enamoramiento de Lois del alter ego superheroico de Clark Kent, hasta la boda de ambos. Gozó de un enorme popularidad gracias a su enfoque a mitad de camino entre la comedia romántica y las series de superhéroes.

Spider-Man
FOX, 1994
Nueva serie de animación de Spiderman dirigida fundamentalmente al público juvenil con 65 episodios de 20 minutos de duración cada uno. Fue producida por Marvel Films Animation y está considerada como la serie de animación más fiel de Spiderman.

Smallville
WB Network, 2001
Narra la vida del joven Clark Kent en el pueblo de Smallville, Kansas, durante los años anteriores a convertirse en Superman. Duró cinco temporadas –entre octubre de 2001 y mayo de 2011– y si las cuatro primeras se centran en las aventuras juvenil de Clark du-

rante su etapa en el instituto, la última aborda situaciones más adultas. La serie obtuvo tres premios Emmy y lanzó al estrellato a su protagonista, Tom Welling.

Justice League
Cartoon Network, 2001
El supergrupo de DC Comics durante la Silver Age llegó a las pantallas de televisión de la mano de esta serie de animación que se emitió durante tres temporadas, aunque a partir de la segunda pasó a llamarse *Justice League Unlimited*, con un éxito apreciable que no evitó su desaparición, aunque sirvió de base para la secuela *Justice League: Crisis on Two Earths*, de 2010.

Agents of S.H.I.E.L.D.
ABC, 2013
El grupo parapolicial internacional dirigido por Nick Fury cosechó un rotundo éxito con esta versión televisiva, aunque su creador, Jim Steranko, se mostró muy crítico con sus resultados. Tuvo una secuela con *Agents of S.H.I.E.L.D.: Slingshot*.

Arrow
The CW Network, 2012
Serie inspirada en el personaje de DC, Green Arrow, interpretado por Stephen Amell, que lo volvió a encarnar en sus dos secuelas relacionadas: *The Flash, Legends of Tomorrow* y *Vixen*. Se prolonga durante seis temporadas, hasta 2017, y a pesar de las tibias críticas de la prensa especializada tuvo un enorme éxito de público, como demuestran los más de 4 millones de espectadores que vieron su estreno.

Héroes
NBC 2006
Esta serie abre un nuevo camino, el de los superhéroes nacidos y pensados para televisión y no producto de una adaptación del

cómic. Está escrita por Tim Kring, que contó con el apoyo inicial de Jeph Loeb, un reputado historietista, y narra las peripecias vitales de un grupo de personas normales que descubren que tiene superpoderes. Su éxito propició el estreno de *Heroes Reborn* en 2015.

Daredevil
Netflix, 2015
El histórico y torturado personaje de los inicios de Marvel protagoniza con esta serie un salto histórico al ser el exitoso pionero de los superhéroes en la empresa creadora de productos de ficción para Internet, que abre una nueva etapa en la producción de ficción para las pantallas en la nueva acepción del siglo XXI.

Marvel's Jessica Jones
Netflix, 2015
Siguiendo la exitosa estela de *Daredevil*, pocos meses después aparece esta serie dedicada inspirada en la antigua compañera

de instituto de Peter Parker, metida a super detective consorte del afroamericano Lucke Cage e interpretada para la ocasión por Krysten Ritter y que anuncia una nueva etapa para los superhéroes de las pantallas, de la más grande a la más pequeña.

CAPÍTULO 11
BANDA SONORA

Kiss, los superhéroes del rock

En mayo de 1954, mientras salía al mercado el single «Rock Around the Clock», que supondría el pistoletazo de salida del rock & roll, la Asociación de Revistas de Cómics de los Estados Unidos creaba el Comics Code, un sello de censura para vigilar el presunto e imaginario peligro que los cómics suponían para la primera generación de jóvenes consumistas de la historia. Poco imaginaban que la canción de Bill Haley and the Haley's Comets suponía el primer soplo de aire fresco en el conservador y anquilosado panorama cultural norteamericano. La cultura pop estaba a punto de nacer, la música sería el rock y la imagen el cómic, especialmente el cómic de superhéroes. Las influencias mutuas entre ambos géneros culturales eran inevitables. Desde Elvis Presley a Sugar Hill Gang –los primeros en grabar un rap–, pasando por Ramones, AC/DC, Queen, The Who, Iggy Pop, LaVern Baker, Black Sabath, Eminen, Celine Dion, Manu Chao, Kiko Veneno o Miguel Bosé, entre otros muchos de una larga y variada lista, pusieron banda sonora a las aventuras de los mitos enmascarados.

Pero si hay una banda de rock cuya estética y actitud remite directamente al mundo del cómic de superhéroes es, indudable-

A MARVEL COMICS SUPER SPECIAL!

KISS

Forty pages of full-color comics.
Plus never-before-published
photos and features.
Printed in real KISS blood.

mente, Kiss. El grupo montado en 1973 por el guitarrista Paul Stanley, el bajista Gene Simmons, el batería Peter Criss y el guitarrista Ace Frehley, asumió desde sus orígenes la filosofía narrativa super-heroica y sus miembros no sólo ocultan su rostro con maquillajes que simulan máscaras, sino que también se presentan bajo sus personalidades secretas: Stanley es 'Starchild', Simmons es 'Demon', Criss 'Catman' y Frehley 'Space Ace' o 'Spaceman'. Y al igual que sucedía con los héroes de papel, la baja de algunos de los miembros del equipo es suplida por otro personaje que aportaba una nueva identidad, en el caso de Criss 'Catman', el sustituto fue Eric Carr 'The Fox', y en el de Frehley 'Spaceman' fue Vinnie Vincent 'The Wizard'. También en paralelo con las grandes sagas de superhéroes y sus giros de guion, en 1983 los Kiss abandonaron esta dualidad y se dedicaron a actuar sin caracterización, bajo sus personalidades «reales», para volver a recuperarlas 13 años después –con regreso de Frehley 'Spaceman' y Criss 'Catman'– en la gala de la trigésimo octava edición de los premios Grammy y en la gira *Psycho Circus*, que les devolvió a lo más alto del panorama musical. Tras diversas marchas y reincorporaciones de músicos-personajes, la formación inicial de la banda se reunió por última vez en 2014, para la ceremonia de su ingreso en el Rock and Roll Hall of Fame.

Guitar heroes de papel

Su deuda de inspiración con el mundo creado por Marvel ha sido reconocida oficialmente por su creador, Paul Stanley 'Starchild', e inevitablemente, los Kiss acabaron teniendo su propio espacio en los cómics de papel. Su primera aparición se produjo en mayo de

1977, dentro de la revista satírica de la editorial Marvel, *Howard the Duck*, protagonizada por un pato antropomórfico con malas pulgas y superpoderes. Cuatro meses después, la editorial decide darles el protagonista del número especial de septiembre, *Marvel Comics Super Special nº1*, en el que la banda –un grupo de amigos a los que un anciano extraterrestre le entrega una caja de donde provienen sus superpoderes– se estrena como grupo de superhéroes, enfrentándose a dos de los peores (o mejores) supervillanos de la casa: Mephisto y Doctor Muerte. Pero lo que catapultó a la leyenda a esta revista fue el anuncio en su portada de que los ejemplares estaban impresos con una mezcla de tinta roja y sangre de los propios Kiss. La operación de marketing incluyó la presencia de un notario durante la extracción de sangre y la difusión de las fotos realizadas durante la sesión. Con guion de Steve Gerber y dibujos de Alan Weiss, Rich Buckler, John Buscema y Sal Buscema, el cómic se convirtió en un éxito absoluto que la editorial intentó repetir al año siguiente con la publicación de nuevas aventuras de la banda en *Marvel Comics Super Special nº5*, esta vez con guion de Ralph Macchio y dibujos de John Romita Jr, que a pesar de su buen hacer no lograron alcanzar el éxito del número anterior.

Tras la etapa de Marvel se produjeron intentos por parte de otras editoriales de tipo independiente, como Rock'n'Roll Comics, en 1990, Hard Rock Comics, y Personality Comics en 1992 y 1993.

En 1996 Marvel recuperó al grupo en *Kissnation – Kiss Meets The X-Men*, un intento desastroso que no gustó a casi nadie, a pesar de la presencia en el guion de los propios Stan Lee, Gene Simmons y Mort Todd, y de darles como compañeros de aventuras a los mismísimos X-Men. En 1998 Todd McFarlane, creador de Spawn, renovador de Spiderman y fan de los Kiss, los recupera como personajes para la editorial Image aprovechando el lanzamiento de su disco *Psycho Circus*, en el que la banda recuperó sus personalidades imaginarias, tras más de una década sin usarlas. En Estados Unidos se publicaron una treintena de aventuras, que

204 | Manuel López Poy

se han convertido en material de coleccionismo. En 2002 la editorial Dark House publica nuevas aventuras escritas por Joe Casey y dibujadas por Mel Rubi. En 2007 la banda crea su propia editorial de cómics, KISS Comics Group, para crear sus propias historietas, empezando por KISS 4K nº1, Destroyer Edition. También publicaron en 2011 *Archie Meets Kiss*, en colaboración con Archie Comics y en 2012 varios títulos con IDW Publishing. La última incursión del grupo en el mundo del cómic se produjo en 2016 con el lanzamiento de la revista *Kiss* por parte de Dynamite Entertainment, con dibujos de Kewber Baal y guion de Amy Chu, que han sumergido a los viejos rockeros en una historia de ciencia ficción.

Por su nombre los reconoceréis

Kiss es el caso más evidente de retroalimentación entre dos géneros culturales, el de las viñetas y el del rock, pero son muchas las bandas con nombre inspirado directamente en el mundo de los superhéroes. Por alusión directa merece encabezar este resumen The Comic Book Super Heroes, una banda de música mestiza de Providence, Rhode Island. Detrás vendría Märvel, un grupo sueco cuyos componentes actúan enmascarados y dan vida a tres estrafalarios personajes de ficción llamados Vocalo, Animalizer y The Ambassador, que forman una especie de supergrupo dedicado a luchar contra un supervillano llamado Dr. Spats. De su devoción por la editorial de cómics homónima da fe las portadas de sus discos, que podrían ser perfectamente las de un cómic. Mención especial merece también banda de pop rock alternativo, Kirby Krackle, creada en 2009 por Kyle Stevens y Jim Demonakos, que se autodenominan The World's First Comic Book Rock Band, y con eso está dicho todo. El nombre proviene de la técnica inventada por Kirby para dibujar el efecto de las explosiones en el cosmos. Tanto sus portadas como la mayoría de sus letras rinden homenaje al cómic de superhéroes.

La lista de nombres de inspiración superheroica abarca todos los estilos. La banda norteamericana de punk Suicide, que abre su álbum de debut en 1977, con un tema titulado «Ghost Rider», toma su nombre precisamente de uno de los cómics del Motorista fantasma: Satan Suicide. The Increible Hulk, o más bien su alter ego, Bruce Banner da nombre a un grupo sueco de hardcore y ha inspirado también el nombre de David Banner, el rapero y actor de Mississippi. El periódico de Clark Kent, Daily Planet, ha bautizado a un grupo sueco de tecno-pop y la obra The Watchmen a un grupo canadiense de rock alternativo. La rapera sudafricana Jean Grae ha inspirado su personaje en el de Jean Gray, la Chica Maravillosa de los X Men, mientras que el alter ego de Spiderman, ha bautizado grupos tan dispares como Peter Parker, una banda de rock garajero de Seattle, Peter Parker Experience, del guitarrista y cantante francés Michel Cloup, y Peter Parker, un artista de hip-hop de Manchester. El eterno amor de Superman, ha servido a las hermanas holandesas Suzanne y Monique Klemann para inspirar el nombre de su proyecto pop Loïs Lane, cuyo primer álbum, con el mismo título, fue número uno en las listas de éxitos.

Aquí en casa también hubo su aportación, con Krypton, un proyecto musical paralelo creado por el grupo de tecnopop Aviador Dro. Hasta el vehículo de Batman, el Batmobile, ha sido utilizado como nombre por una banda holandesa de psychobilly y ha bautizado una canción de Liz Phair. Pero no se puede cerrar este capítulo sin una referencia Gorillaz, banda británica virtual de rock alternativo y hip-hop, integrada por cuatro personajes ficticios de dibujos animados, que aunque no remiten directamente al universo de superhéroes, son una de las más palpables influencias mutuas entre el cómic y el rock. Pero sin duda, donde más y mejor se materializa esa influen-

cia mutua entre la música y el cómic es en las canciones inspiradas por el imaginario superheroico. Reseñarlas todas sería materia para un libro aparte. Esta es una selección, sin discriminación de estilos, de temas musicales representativos del universo de superhéroes, en la que tienen cabida desde las bandas sonoras de series y películas –y sus distintas versiones–, hasta canciones dedicadas a personajes concretos, pasando por referencias al concepto de superhéroe y temas inspirados en el universo cultural creado por las editoriales de cómic.

Discos y canciones superheroicas

Batman Theme
Neal Hefti, 1966
El tema principal de la serie Batman, de 1966, compuesto por Neal Hefti, un músico de jazz que formó parte de la orquesta de Count Basie durante 30 años, es el más versionado en la particular historia de los superhéroes. Desde The Who a Boss Martians, pasando por Duane Eddy, The Ventures, Link Wray, The Jam, Iggy Pop, The Brian Setzer's Orchestra, The Flaming Lips o Guana Batz, Batman ha sonado rockero, surfero, metalero y hasta psicodélico. La música original compuesta por Hefti, Nelson Riddle, Billy May y Warren Barker para la serie televisiva, obtuvo tres nominaciones a los premios Grammy.

Sunshine Superman
Donovan, 1966
A pesar de no atravesar su mejor momento, en 1966 el Hombre de Acero participó en el nacimiento de la música psicodélica, cuando el músico británico Donovan decidió titular *Sunshine Superman* su tercer álbum, que incluía un single del mismo nombre que llegó al primer puesto de las listas de ventas en Estados Unidos y al segundo en Gran Bretaña y que está considerado una

de las primeras grabaciones de la psicodelia. Donovan mezcló el jazz, el blues, el folk, el rock, el pop e incluso la música celta y empleó instrumentos poco habituales entonces, como el sitar o el clavicordio, logrando un efecto absolutamente innovador. La grabación del disco tuvo el efecto colateral de reunir a Jimmy Page y John Paul Jones, futuros miembros de Led Zeppelin.

Batman To The Rescue
Lavern Baker, 1966
La diva del soul de Chicago se sumó a los homenajes al hombre murciélago a los pocos meses de que la cadena ABC estrenara la serie televisiva. El tema era una versión de «Jim Dandy», un famoso tema de rhythm & blues de finales de los cincuenta. Fue editado en un single que contenía otras dos canciones cantadas a dúo

con Jackie Wilson, más conocido por Mr Excitement, con quien ese mismo año grabó un tema, «Think Twice», fue censurado por las emisoras a causa de su letra, presuntamente obscena. El disco dedicado al superhéroe de Gotham no tuvo una gran repercusión y no pasó de un triste puesto 135 en las listas de éxitos.

Jan & Dean Meet Batman
Jan & Dean, 1966
Se trata de un disco conceptual con tres canciones tituladas «Batman», «The Origin of Captain Jan and Dean the Boy Blunder» y «Robin the Boy Wonder», a cargo de Jan Berry y Dean Torrence, una de las formaciones más influyentes en el desarrollo de la música surf junto a sus amigos los Beach Boys. Fue editado por Liberty Records en el momento álgido de su trayectoria musical, pero desgraciadamente también supuso el final de la misma. Justo después de grabar el disco, Jan Berry sufrió un accidente con su automóvil, que le dejó en coma y con serios daños cerebrales. Aunque logró recuperarse y el dúo lo intentó, tanto juntos como por separado, aquel fue el final de su brillante carrera.

I'm being Spiderman and no one can stop me
Bob Harris (1967)
El tema musical de apertura de la serie de dibujos animados producida en 1967 por Grantray-Lawrence Animation con una escasez de medios que se deja sentir en un su baja calidad, ha sido lo único que se ha salvado de la quema a la que el tiempo ha sometido a esta serie, convertida en pasto de burlas en Internet. «I'm being Spiderman and no one can stop me», que tal es el título del pegadizo tema con aire surf, fue creada por Paul Francis Webster (la letra), y Bob Harris (la música), y ha merecido las versiones de bandas como Ramones, Aerosmith y Mr. T Experience. La banda sonora de la serie durante la primera temporada contó con los arreglos del jazzman Ray Ellis, que durante años colaboró con Billie Holiday. El tema de apertura original se ha convertido con

el tiempo en una de las principales señas de identidad del trepamuros y suena siempre. De una u otra forma, en algún momento de sus películas.

I Can See For Miles
The Who, 1967
Es el single de más éxito del grupo británico en los Estados Unidos, extraído del álbum *The Who Sell Out*. La canción habla del poder de visión telescópica de un personaje que se queja que puede disfrutar de todas las maravillas del mundo pero no del ambiguo amor de su chica, algo en lo que muchos han visto una alegoría sobre la historia de Superman y Lois Lane y así figura en muchos artículos relacionados con la música de los superhéroes. El tema fue usado también en las bandas sonoras de las películas *Easy Rider* y *Apollo 13*.

The Continuing Story of Bungalow Bill
The Beatles, 1968
Aunque es un tema inevitablemente citado en la discografía de superhéroes, se trata en realidad de la historia de un cazador de elefantes en la India que incluye un cameo del Capitán Marvel en una de sus estrofas: «En lo profundo de la selva, allí donde acecha el poderoso tigre / Bill y sus elefantes fueron cogidos por sorpresa / entonces el Capitán Marvel le disparó entre ceja y ceja». La canción fue compuesta por John Lennon, que tenía 11 años cuando se comenzaron a publicar las aventuras del Capitán Marvel, con lo que es probable que formase parte de sus lecturas infantiles. La canción también tiene el dudoso honor de ser la primera de los Beatles que incluye la voz de Yoko Ono.

I Can't Get Next to You
The Temptations, 1969
Canción escrita por Norman Whitfield y Barrett Strong como cara A de un single que en la cara B llevaba el tema «Running Away»

(«Ain't Gonna Help You») y fue número uno en el *Billboard* Top Pop Singles por dos semanas en 1969. Este número de soul funk presenta al cuarteto como una pandilla de superhumanos que se asemejan a la Liga de la Justicia y los X-Men, pero con unos poderes más poéticos: uno puede hacer que las estaciones cambien, simplemente agitando la mano, otro puede comprar todo lo que el dinero puede comprar, y el tercero puede vivir para siempre si así lo deseaba. Pero todos carecen del poder del amor.

Nobody Loves the Hulk
The Traits, 1969
Quizá la canción más explícita y emotiva sobre el lado oscuro de la vida de un superhéroe sea la de la banda de rock neoyorquina The Traits, que explica, lisa y llanamente, porqué nadie quiere a Hulk y como lo sufre Bruce Banner: «Hulk es un monstruo / Feo, grande y verde / Su fuerza es fantástica / Y su poder es muy fuerte / Pero siempre que la gente lo ve / Todo lo que hacen es correr y gritar». El single salió al mercado encartado dentro de un comic y eso lo ha convertido en una rareza para coleccionista. Stan Lee acabó convirtiéndolo en un disco de culto cuando públicamente afirmó que era la mejor canción que le habían dedicada a uno de sus personajes.

Iron Man
Black Sabbath, 1970
La canción, incluida en el LP *Paranoid*, es una de las más conocidas y exitosas de Black Sabbath, pero no guarda ninguna relación con el superhéroe homónimo, tal y como se ha encargado de puntualizar una y otra vez la banda. Sin embargo siempre estará vinculada al universo Marvel, no sólo por la asociación del título por la mayoría del público, sino además porque los directores de la película *Iron Man*, la utilizaron con el beneplácito tanto de Black Sabbath como de Tony Stark, el creador del personaje. El tema ha sido versionado en numerosas ocasiones por bandas

como Metallica, The Cardigans, Marilyn Manson, Ozzy Osbour-
ne o Green Day, entre otros.

The Marvel World Of Icarus
Icarus, 1972
Este paseo musical por el universo Marvel es un título indispensable en la discografía del rock psicodélico. Trece temas titulados
«Prologue», «Spiderman», «Fantastic Four», «Hulk», «Madame
Masque», «Conan The Barbarian», «Iron Man», «Black Panther»,
«The Man Without Fea», «Silver Surfer», «Things Thing» y «Captain America», conforman un disco conceptual convertido en una
rareza al ser retirada del mercado la edición original –que contaba con todas las bendiciones de Stan Lee– por discrepancias entre la compañía discográfica Pye International y Marvel Comics,

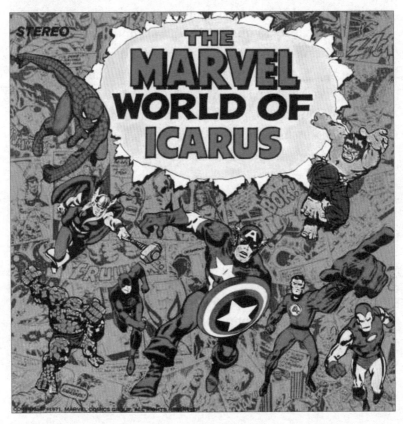

que pretendía una parte más grande de los beneficios económicos. La mayor parte del material original ha sido rescatado en la edición en CD en 2007.

Magneto & Titanium Man
Paul McCartney & Wings, 1975
Paul McCartney no sólo es un gran aficionado al cómic en general, sino que además es un absoluto fan del universo Marvel, al que rinde homenaje en este tema que compuso para Wings, el grupo que formó tras la separación de los Beatles junto a su esposa Linda, el guitarrista Denny Laine y el batería Denny Seiwell. El tema está incluido en el cuarto álbum de la banda, *Venus and Mars* y fue elegido como cara de B del single, que en la A llevaba la canción «Venus and Mars/Rock Show», un *medley* de dos canciones del disco que remiten al autor de ciencia ficción Isaac Asimov. El single logró un discreto duodécimo puesto en la lista norteamericana del *Billboard*. McCartney pidió a Jack Kirby que dibujase algo especial para proyectar en el escenario durante la gira y cuando ésta llegó Los Angeles invitó al dibujante y a su hija, una fan de Wings y The Beatles, que pudo acceder al backstage. Kirby en reconocimiento regaló a Linda y Paul un dibujo original hecho expresamente para la ocasión.

Spider-man: Rock Reflections Of A Superhero
Winthrop, 1975
Se trata de una ambiciosa obra coral, una ópera rock –al estilo de otras de esa época como *Tommy*, de los Who– producida por Terry Cashman y Tommy West y con música de David Sanborn, que abarcaba los más variados estilos del pop y el rock. La cubierta del disco corrió a cargo de John Romita y en la grabación participaron una veintena de músicos que interpretaron 24 cortes (incluidas las narraciones del propio Stan Lee). Entre los intérpretes encontramos a Marty Nelson, componente original de Manhattan Transfer, que también se encargó de escribir tres temas. El res-

to de canciones, todas sobre aspectos y personajes clave del universo del hombre araña, fueron escritos por varios artistas como Bob Gengo, Rob Stevens, John Palumbo, Ray Dahrouge o Mike Ragogna.

What's Next To The Moon
AC/DC, 1978
Se trata de la sexta canción de la cara A del álbum *Powerage*, que supuso la consolidación internacional de la banda australiana. En el tema, una dura canción de amor y/o desamor, se menciona tanto a Superman, como a su alter ego Clark Kent y su eterna enamorada Lois Lane, aparte de incluir una referencia Casey Jones, el adolescente enmascarado de las Tortugas Ninja. Además, en la canción se hace una parodia cruel de la frase de cabecera del Hombre de Acero: «It's a bird, it's a plane, it's a suicide» (Es un pájaro, es un avión, es un suicidio).

(Wish I Could Fly Like) Superman
Kinks, 1979
El tema, escrito por Ray Davies, se inspira en el film *Superman: The Movie,* y narra el deseo del cantante de ser como el superhéroe encarnado por Christopher Reeve. Pertenece al álbum *Low Budget* y fue lanzado como single con un éxito más que razonable. A pesar de que el resto del disco tiene una línea de rock contundente, el estilo de este tema está próximo a la música disco –un género que el compositor en realidad despreciaba–, lo que se debe a una petición expresa de Clive Davis, fundador de la discográfica Arista Record, que quería un éxito para las pistas de discos, donde a finales de los setenta estaba el negocio discográfico. Otro de los puntales del grupo, Dave Davies, afirmaría posteriormente que sólo el tono humorístico de la canción la salvó de convertirse en uno de los gran des errores de la banda británica. El álbum *Low Budget* contiene además otra canción, «Catch Me Now I'm Falling», dedicada al Capitán América.

Rapper's Delight

Sugar Hill Gang, 1979

Está considerado como el tema pionero del hip hop y se convirtió en un éxito mundial a partir de la Navidad de 1979 y lanzó a la fama al trío The Sugarhill Gang, montado por la la dueña de la discográfica Sugarhill Records, Sylvia Robinson, con tres raperos neoyorquinos prácticamente desconocidos (Big Bank Hank, Wonder Mike y Master Gee), para aprovechar el tirón del incipiente hip hop, que por entonces se consideraba una variante efímera de la música disco. En el tema «Big Bank Hank», que entonces tenía veintitrés años de edad, trataba de convencer a Lois Lane de que abandonase su amor por Superman y se enrollase con él.

Super Superman

Miguel Bosé, 1979

La contribución musical española más famosa a la discografía de superhéroes es sin duda el tema «Super Superman», incluido en su tercer álbum, *Chicas!,* y cuyo éxito inmediato supuso su lanzamiento internacional –especialmente en Europa y América latina– y su consolidación como sex symbol para adolescentes. La canción, compuesta y producida por Danilo Vaona, tenía un ritmo frenético y una letra tan simplona como pegadiza: «Super superman / Nuestro mito, nuestro ejemplo / A que gimnasio vas? / Dime cuál es tu secreto / Pégale! Superman! / Enséñame a dejarle K.O Superman!». Un Miguel Bosé de 20 años pero con apariencia casi adolescente, creó un llena pistas absoluto, precisamente en los años en los que las pistas de bailes estaban más concurridas y el éxito de su Superman fue arrollador.

Flash Gordon

Queen, 1980

La banda sonora de la película *Flash Gordon*, dirigida por Mike Hodges en 1980, corrió a cargo de la banda británica Queen, que en aquel momento estaban inmersos en la grabación de su disco *The Game*, el primero de la banda en usar sintetizadores y que supondría un giro en su carrera. El disco contiene 18 temas, firmados en su mayoría por el guitarrista Brian May (8), seguido de Freddie Mercury (5), el batería y compositor Roger Taylor (3) y el bajista John Deacon (2). Todos los temas, salvo «Flash» y «The Hero», son instrumentales. El single «Flash's Theme» gozó de una gran popularidad, a pesar de que el álbum sólo alcanzó el número 10 en las listas británicas y el 42 en los Estados Unidos. Para los coleccionistas de curiosidades queda la trágica anécdota de que el álbum fue editado el mismo día del asesinato de John Lennon.

Superman

R.E.M., 1986

Se trata de un sencillo extraído del álbum *Lifes Rich Pageant*, el cuarto del grupo estadounidense R.E.M., lanzado en julio de 1986 y que alcanzó un modesto decimoséptimo puesto en la lista del *Billboard*. Se trata de una versión del tema del mismo nombre grabado por The Clique, una banda de rock garajero de Houston, en 1969. La canción aparece en el cómic *Animal Man nº2*, editado en 1988 como el tema que escucha este personaje en su walkman tras un encuentro con el Hombre de Acero. También suena en un capítulo de la serie televisiva CSI. Nueva York.

I Am the Law

Anthrax, 1987

El tema remite directamente al mundo y el espíritu del Juez Dredd y su despiadada lucha contra el crimen por encima de todo límite. Es la cara A del sencillo extraído del álbum *Among the Living*, que fue rechazado por las emisoras de radio a causa de la presunta obscenidad de su letra, que dice cosas como estas: «Un hombre tan duro, sus venas sangran hielo / Y cuando habla nunca lo dice dos veces / Lo llaman juez, su apellido es Dredd / Así que rompe la ley, y terminas muerto», a pesar de lo cual logró un importante éxito de ventas. Tras el lanzamiento original de Island Records se realizaron nuevas versiones del disco que optaron por vincularlo completamente al cómic y usaron una imagen con la insignia de Judge Dredd con el logo de la banda y la bandera de los EE. UU. de fondo. Algunas portadas de discos también incluyeron directamente el dibujo del personaje.

Batman

Danny Elfman / Prince, 1989

La banda sonora del filme dirigido por Tim Burton, estaba pensada para que cada personaje interpretase una de las canciones y fue encargada al compositor y productor Danny Elfman, más conocido por ser el autor del tema de cabecera de *Los Simpson*. En paralelo se lanzó el álbum homónimo compuesto por Prince, elegido finalmente en lugar de Michael Jackson, que fue el nombre que se barajó inicialmente. El disco contiene ocho temas, entre los que destaca el famoso «Batdance», una canción bailable cuya letra contiene diálogos entre los personajes de Batman, Joker, Bruce Wayne y Vicki Vale. El tema central de la banda sonora original ha sido usado en posteriores versiones cinematográficas del superhéroe de Gohtam, así como en series de televisión y videojuegos. Recibió un premio Grammy.

Le fils de Superman
Celine Dion, 1991

En su época de mayor esplendor, la cantante canadiense grabó el tema más triste de la discografía superheroica. La canción fue escrita por Luc Plamondon y Germain Gauthier, y está incluida en su álbum *Dion Chante Plamondon*. Cuenta la tragedia de un niño, el pequeño Jean-Pierre, un niño al que regalan un pijama de Superman que fallece imitando a su ídolo e intentando echar a volar desde su ventana la noche de su cumpleaños. Incluido en un disco que contenía básicamente versiones, el solo gozó de una popularidad especial por su escabroso contenido.

D-Batman
Defunkt, 1990

Tema obviamente inspirado en el personaje del Caballero Oscuro, que está incluido en el séptimo LP del proyecto Defunkt, titulado precisamente *Héroes*. Se trata de un grupo de culto liderado por el trombonista y cantante Joseph Bowie, que practica una fusión de jazz, soul, funk y rock y que ha acompañado a artistas de la talla de James Brown, Isaac Hayes, Maceo Parker, Prince, The Clash o Talking Heads, entre otros.

Bruce Wayne: Gotham City 1987
Esham, 1997

Un disco conceptual donde el rapero Rashaam Attica Smith, más conocido como Esham, convierte a Detroit en un trasunto de la ciudad de Batman y se mete a sí mismo en la piel del personaje de Bruce Wayne, que sale expresamente mencionado en el título del octavo corte, «Who Is Bruce Wayne». A pesar de la ruptura que supuso con sus discos anteriores, caracterizados por una mayor intransigencia, el álbum está considerado uno de los mejores discos de la máxima figura del acid rap.

Superhéroes de barrio
Kiko Veneno, 1992
Kiko Veneno revisa el concepto de superhéroe para homenajear a los superhombres que se enfrentan a la hazaña cotidiana de la supervivencia con sus peculiares y surrealistas letras: «Vuela tú mi hermana / la paloma supermana / mira que en la red / Spiderman te atrapa / Sobre la ciudad / da un salto tú muy grande / no dejes que el coste / de la vida te agarre». Además del trepa muros, por la canción desfilan los personajes más variopintos, desde Bob Dylan a Di Estefano, pasando por Mozart, el Gordo y el Flaco, Fender, Rita Hayworth o el sevillanísimo torero Curro Romero, entre otros. El tema forma parte de su álbum *Échate Un Cantecito*, el tercero grabado en estudio y quizá el más famoso del músico español.

Wolverine Blues
Entombed, 1993
Death metal para el tributo al más salvaje de los X-Men, al menos aparentemente. Wolverine Blues es el tercer álbum de estudio de la banda sueca Entombed, a la que le sucedió algo parecido a lo de Iron Man y Black Sabbath, que aunque el título no hacía referencia al personaje de Marvel y los Entombed se encargaron de dejarlo claro una y otra vez, su discográfica no quiso desaprovechar la ocasión y firmó un acuerdo con la editorial para colocar un dibujo de Wolverine en la portada y lanzar el disco con una calculada campaña de marketing.

Mano Negra
Super Chango, 1994
La banda de Manu Chao incluía en su cuarto y último álbum de estudio este tema en en que reivindicaba un superhéroe indígena frente a los superhéroes gringos: «Batman, Superman, echa pa fuera / Echa pa fuera / Ya llegó Super Chango!! / Tumba los tambores / Por el monte / Por la selva / Por la plaza mayor / Tumba

tumba la tongolélé! ya llego Super Chango!». El disco fue grabado a raíz del proyecto Cargo 92, la experiencia de la gira latinoamericana de la banda en 1992.

Spider-Man
The Ramones, 1995
El homenaje musical más contundente y divertido que se le ha rendido al hombre araña corrió a cargo de los Ramones, que además se convirtieron en personajes de animación en el vídeo promocional de la versión que grabaron para MCA Records, de la banda sonora de la primera serie televisiva sobre Spiderman. La canción estaba incluida en el álbum *Adiós Amigos* y se convirtió en un éxito inmediato, uno de los últimos de la banda, que tocó este tema en su último concierto el 6 de agosto de 1996, en The Palace, Los Ángeles.

Sonoman
Soda Stereo, 1996
La legendaria banda de rock argentina rindió un homenaje a uno de los más célebres superhéroes autóctonos, cuyo poder era precisamente el control sobre el sonido, su intensidad y su velocidad. Es un tema instrumental incluido en su álbum *Comfort y música para volar*, título extraído precisamente de las únicas palabras que se escuchan, justo al final de la canción: «Ya se los advertí, aquí tienen música para volar». Curiosamente, la banda no tocó nunca la canción en sus conciertos en directo.

My Name Is
Eminem, 1999
Esta canción fue lanzada como el segundo sencillo del álbum *The Slim Shady LP*, el segundo disco de estudio de rapero de Detroit, un reconocido lector de cómics, que en el tema se presenta como el lado malo de la conciencia, un remedo de la cruel dualidad de Hulk. La inevitable leyenda dice que la canción esconde un men-

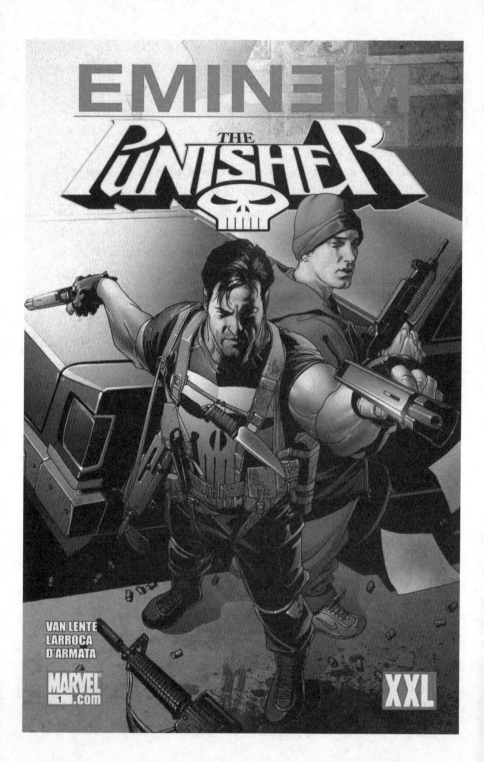

saje oculto si se escucha al revés. Algo así como «It is Slim. Its' Eminem, it's Eminem, it's Eminem», un truco que el cantante habría usado para potenciar su marcha personal. Curiosamente, el polémico artista siempre ha renegado de este tema, que en su día alcanzó unos buenos resultados en las listas de éxitos y fue el vídeo más emitido ese año en la MTV.

Kryptonite
3 Doors Down, 2000
La canción dedicada al talón de aquiles de Superman es el tema que dio a conocer a la banda de hard rock 3 Doors Down de Mississippi. Está incluida en su primer álbum, *The Better Life,* y alcanzó el tercer puesto en la lista de *Billboard* Hot 100. El videoclip promocional está protagonizado por un anciano que fue un héroe televisivo que ve a un hombre abusando de una mujer y recupera su antiguo traje de superhéroe y se enfrenta al villano en medio de una aventura delirante. Un homenaje crepuscular en toda regla.

Requiem for Jack Kirby
Gregg Bendian's Interzone, 2001
Álbum de homenaje al maestro de maestros y cocreador de los principales personajes de la Marvel, grabado en 2001 por esta banda californiana nacida en 1996, con fuertes raíces en la música progresiva y el jazz. Un álbum con siete canciones cuyos títulos hablan por sí solos: «Kirby's Fourth World», «New Gods», «The Mother Box», «Teaneck in the Marvel Age», «Primordial Ink», «Air Above Zenn-la» y «Other Skylines». La portada es un dibujo de La Cosa de los 4 Fantásticos, e incluye recuadro con precio y fecha, imitando los de las revistas de la Marvel, e incluso una imitación del sello del Comics Code.

The Man Without Fear

Drowning Pool & Rob Zombie, 2003

Tema incluido en *Daredevil: The Album*, publicado en 2003 por Wind-up Records para la película *Daredevil*. Es toda una oda a Dan defensor, el hombre sin miedo, tal y como revela su letra: «Todo lo que no tenía forma, ahora está claro / Visualizo con un ápice de sonido / Soy el Hombre Sin Miedo / No puedes lastimarme / No puedes detenerme / No puedes derrotarme / ¡No me puedes derrumbar! / Vamos, Daredevil». El álbum supuso el inicio de una colaboración entre Marvel y Wind-up, que se prolongaría con las películas *The Punisher*, *Fantastic Four* y *Elektra*.

Spider-Man. Turn Off The Dark

David Campbell, 2011

El musical de Broadway inspirado en el héroe arácnido, con música y canciones de Bono y The Edge, de U2, se estrenó a bombo y platillo en noviembre de 2010, con orquestación de David Campbell y un libreto de Glen Berger, Julie Taymory y Roberto Aguirre-Sacasa, que cuentan la historia de los orígenes del personaje, la conversión de Peter Parker en el superhéroe arácnido, su romance con Mary Jane y sus batallas con su archienemigo, el Duende Verde. Estuvo en cartel más de tres años. Gracias a la espectacularidad de su puesta en escena, con acrobacias muy complicadas, fue la producción más cara en la historia de Broadway, lo cual es mucho decir. Sus resultados económicos fueron muy buenos y consiguió el récord de taquilla en una semana, con 2,9 millones de dólares en nueve funciones. También arrastra el triste récord de ser el musical de Broadway con más intérpretes heridos, el primero en uno de los pases previos de la obra, cuando un bailarín se cayó desde una altura de nueve metros y se rompió varias costillas.

What You Came For
Jean Grae, 2016

Tema de Jean Grae, creado para acompañar el lanzamiento del cómic *A Nation Under Our Feet: Part Three*, del nuevo personaje de Black Panther, creado por Ta-Nehisi Coates. La propuesta partió de la propia editorial y la rapera sudafricana afincada en Nueva York, cuyo nombre es un homenaje a la Chica Maravillosa de los X-Men, realizó uno de los mejores trabajos de su carrera empujada por su fascinación por el universo de los superhéroes.

Bruce Wayne
Porta, 2017

El rapero de Barcelona incluyó en su quinto álbum, *Equilibrio*, este tema explícitamente inspirado en el alter ego de Batman, aunque en su letra, además de reivindicarse como rapero y hacer un par de ajustes de cuentas suaves con sus colegas del gremio, Porta narra una historia en paralelo de dos personajes, Bruce y Jake (¿Batman y Jocker?), dos ladrones de ambientes distintos que preparan un golpe. El videoclip de este tema ha conseguido un importante éxito y está interpretado por el actor Fele Pastor y dirigido por Greg A. Sebastián.

CAPÍTULO 12
SUPERHÉROES A LA ESPAÑOLA

El desembarco
de los norteamericanos

Superman llegó por primera vez a España en 1940 camuflado como Ciclón El Superhombre, nombre con el que se rebautizó al superhéroe por motivos estrictamente políticos, al igual que sucedió en la Italia fascista de Mussolini, donde fue conocido como con el nombre de Ciclone, l'uomo d'aciaio. La Segunda Guerra Mundial había comenzado con Italia como miembro del Eje, junto a Alemania y Japón, España todavía estaba alineada con dicho Eje y no estaba demasiado bien visto un héroe que representaba las esencias y la potencia de los Estados Unidos, país que aún se mantenía fuera del conflicto bélico, pero que apoyaba netamente a las democracias del bando aliado. Las primeras aventuras del superhombre fueron publicadas por Hispano Americana de Ediciones, en la colección Grandes Obras Modernas, unos cuadernos de formato horizontal y en blanco y negro con portada a color. En la versión española, además del cambio de nombre del protagonista, Clark Kent pasa a ser Carlos Sanz, periodista del diario *La Jornada*, donde trabaja su idolatrada Luisa Lane. Tampoco los colores del traje que Ciclón luce en las portadas son los mismos que en el original, aunque obviamente conserva la S del escudo en el pecho. Contrariamente a lo que sucedió en la mayoría de los países del mundo occidental, las aventuras de aquel ser con superpoderes venido del espacio para salvar a la humanidad, no tuvieron demasiado éxito en un país que acababa de salir de los horrores de una brutal guerra civil y encaraba los estragos de una durísima posguerra. Los ideales del nuevo régimen franquista estaban mucho mejor representados por Juan Centella, un personaje de matón aventurero creado en 1938 en Italia con el nombre de Dick Fulmine.

Prácticamente lo mismo le sucedió a Batman que fue editado en España en 1947 –también por Hispano Americana de Ediciones– con el nombre de Alas de Acero, aunque sólo duró tres números, porque la editorial los sustituyó por una copia de sí mismo. Aunque rocambolesca, la cosa tiene su explicación. Resulta que en realidad las primeras planchas de Batman llegaron a España en los primeros años de la posguerra, cuando un exiliado judío las trae desde Francia tras la invasión nazi y se las entrega al ilustrador Julio Ribera que a partir de ahí crea *Robin y el murciélago* –tal y como se recoge en el libro *Tragados por el Abismo*, de Pedro Porcel– una historieta de Publicaciones Ibero Americanas que se convertiría en una sui generis versión del Caballero de la Noche. Los personajes son una imitación de los clásicos héroes del cómic español Roberto Alcazar y Pedrín, y sus exóticas aventuras se van distanciando cada vez más de las del Batman original. Los dibujos de Ribera están guionizados primero por J.Fernández y posteriormente por Walter Benson, probablemente un seudónimo.

Pioneros enmascarados marca de la casa

Lo cierto es que por aquellos años proliferaban en España los héroes enmascarados autóctonos, que en algunos casos son auténticos precursores de los primeros superhéroes e incluso de los de

la etapa Marvel, como en el caso de El Hombre araña, publicado por ediciones Rialto en 1944, con dibujo de Víctor de la Fuente y guion de López Rubio, 18 años antes de la aparición de Spiderman. Este personaje no tiene superpoderes sino una resina vegetal super resistente que le permite pegarse a las paredes y trepar por ellas. Un caso similar es Capitán Sol, un héroe enmascarado creado por Federico Amorós y editado por Grafidea en 1948, el mismo año en que la editorial Bruguera publica las andanzas de Águila Negra, un justiciero volador que a pesar de su origen español protagoniza la mayoría de sus aventuras en Nueva York, San Francisco y otros escenarios americanos, creado por el guionista Rafael González y el dibujante Ripoll. En la misma línea de historieta clásica apaisada con precedente de superhéroe –aunque un poco más tardía, ya que se publicó a partir de 1961– es El Duende, un musculoso aventurero con antifaz y chaleco antibalas, creado por Jesús Serrano para la editorial Maga.

En 1952, acabada la Segunda Guerra Mundial con la derrota de Alemania, Italia y Japón, y con España intentando entrar en la ONU y salir del aislamiento internacional, Superman regresa vía México, desde donde llega en las páginas de la revista *Ediciones*

Recreativas, de Editorial Novaro. Esta vez no sólo lleva su nombre, sino que se trata de una edición traducida al castellano de las publicaciones originales norteamericanas. Aún así, en un mercado español dominado por las revistas infantiles de humor como el *TBO* o *Pulgarcito* y por las aventuras de personajes como Roberto Alcazar y Pedrín, El Guerrero del Antifaz o El Pequeño Luchador, las revistas de Novaro que más éxito popular tienen no son las de los superhéroes, sino la de cowboys como Red Ryder, Gene Autry o Roy Rogers.

Derrotados por la censura

Superman volvió a los quioscos con una edición española en 1958, en una colección de la Editorial Dólar, en cuya presentación se glosa la figura del superhéroe afirmando que «fue creado para la televisión norteamericana, y sus películas pronto alcanzaron una fama extraordinaria», lo cual es una buena prueba de la escasa implantación que el personaje tenía todavía en nuestro país. Ese mismo año y en la misma editorial reaparece también Batman, que siguen sin alcanzar la popularidad de un personaje como el Capitán Trueno, que arrasa en los quioscos. Pero el golpe casi definitivo a los superhéroes en España se lo dio en 1964 la censura, que decretó que sus aventuras eran perjudiciales para la educación juvenil, así que la Dirección General de Prensa prohibió la entrada en el país de ese tipo de revistas. Al nacional catolicismo franquista no le convenía nada aquel tipo de personaje que era casi un semidiós que procedía de un país de mayoría protestante y que estaba tan alejado de los preceptos de la fe católica. Siete años después, se levanta la prohibición y vuelven a llegar ejemplares de Novaro que a estas alturas resultan ya completamente anticuados. La editorial mexicana comenzó a im-

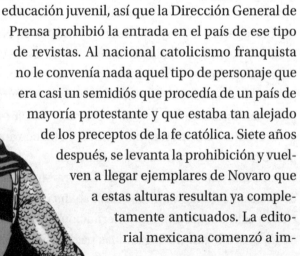

primir en Barcelona y lanzó una importante cantidad de revistas, cada vez de peor calidad, con Supermán, Batman y otros superhéroes del universo DC como capitán Marvel, que no se encontraban precisamente en su momento de mayor popularidad. De hecho, entre el público español se estaba imponiendo otro tipo de superhéroe, al igual que había sucedido siete años antes en los Estados Unidos.

La llegada oficial de los superhéroes Marvel a España se produce con el lanzamiento del primer ejemplar de Los 4 Fantásticos de Ediciones Vértice, en septiembre de 1969. Aunque esta vez no hay el más mínimo motivo político, se traducirán y cambiarán todos los nombres de los superhéroes, excepto el de Spiderman, al que simplemente se le añadirá el subtítulo de El Hombre Araña, lo que dará lugar a que Silver Surfer se llame Estela Plateada o que Daredevil sea conocido por varias generaciones de españoles como Dan Defensor. En lugar de traducir el nombre por Temerario, o similar, la editorial decidió justificar las dos D que lleva en el uniforme e incluso se justificó en los textos de su primer número, *El origen de Dan Defensor*, presentándolo como un defensor de causas perdidas, tanto en su faceta de superhéroe como en la de abogado.

Una explosión de modernidad

Lo cierto es que, con todas sus deficiencias –entre otras cosas, eran en blanco y negro–, las novelas gráficas de superhéroes de Vértice, que costaban 25 pesetas, cayeron como un bomba de modernidad en el panorama del cómic español tal y como recoge la primera reseña en la revista *Bang*, de Antonio Martín y Antonio Lara, que viene firmada por E.C. y califica la llegada del cuarteto superheroico en el primer número de la colección, como «Una novedad importante en el mercado español de novelas gráficas» y califica al grupo como el auténtico *best seller* de los cómics americanos, destacando además que «Estos personajes suponen la superación del superhéroe tradicional en el camino hacia lo irreal y lo absurdo, con ciertas notas de humor amargo y destructivo que nos permiten creer que sus creadores –Stan Lee y el dibujante Jack Kirby– se propusieron, entre otras cosas, el análisis despiadado del mito del superhombre, reduciendo a éste a una categoría infrahumana». La reseña hacía también alusión al importante cambio al que obligaban las medidas de la edición española, muy alejadas del formato original norteamericano y que serían uno de los principales lastres de aquellos primeros superhéroes de Marvel en nuestro país.

Por entonces en España se imponía Salomé y su «Vivo cantando», la canción con la que había ganado el Festival de Eurovisión, y todo el mundo mira a la Luna con más familiaridad después de que el periodista Jesús Hermida le contase en directo a todo el país –de madrugada y por la única cadena de televisión– el primer paseo del astronauta Neil Armstrong por la superficie del satélite. En los quioscos seguía resistiendo el histórico *TBO*, acompañado por *Pumby*, *Pulgarcito*, *DDT*, *Din Dan*, y un largo etcétera de revistas infantiles. En las categorías de 'jóvenes' y 'adultos' –que, junto a la de 'todos los públicos', habían sido creadas por el Ministerio de Información y Turismo en 1967– comienzan a surgir nuevos creadores con propuestas más ambiciosas y acordes con lo que se estaba haciendo en el resto de Europa y Estados Unidos en el terreno de la ciencia ficción, la fantasía y la aventura. A este grupo pertenecen Esteban Maroto y su serie de ciencia ficción *5 por Infinito*, Carlos Giménez y su *Dani Futuro* o incluso Antonio Hernández Palacios con *Doc Savage* o Manuel Cuyás y Víctor Mora con su *Astroman*. Entre finales de los sesenta y principios de los setenta comenzó a gestarse el boom del cómic adulto en España con la proliferación de publicaciones como *Trinca*, *Delta 99*, *Dossier Negro* o *Vampus* y fanzines especializados como *Bang!*, *Cuto* o *CCCI* (Comics Camp, Comics In), pero los superhéroes en sentido estricto seguirán siendo un asunto exclusivamente foráneo durante mucho tiempo.

Superlópez el pionero

Si exceptuamos el precedente del Capitán Misterio, de Emilio
Freixas, un aventurero enmascarado cuyas aventuras se publicaron entre 1944 y 1949, la primera aproximación española –y hasta
el momento la más popular– al universo de los superhéroes, fue
una caricatura del primero de todos: Superman. En 1973, el editor
y estudioso de la historieta, Antonio Martín, que dirigía la editorial Euredit, especializada en material infantil y juvenil de editoriales extranjeras, decidió lanzar una publicación nueva llamada *Humor Siglo xx*, con la que buscaba un humor para adultos.
La idea era parodiar a personajes famosos de todos los géneros,
desde Tarzán a Frankenstein, y a Martín se le ocurrió encargarle
la caricatura del Hombre de Acero al dibujante Juan López Fernández, más conocido como 'Jan', quien parece ser que aceptó el
encargo sin un entusiasmo especial y realizó una serie de historias cortas –básicamente cuatro viñetas– en blanco y negro y sin
diálogo, por expreso deseo del editor. El personaje resultante está
todavía bastante lejos del que acabaría siendo el primer superhéroe español, que comienza a perfilarse a partir de 1975, cuando
Jan lo retoma para Editorial Bruguera. Seguía siendo un persona-

je bastante simplón, tanto en sus historias como en su imagen, y ninguna de las dos cosas entusiasmaba a su autor que incluso intentó deshacerse del personaje. De su aspecto lo que más llama la atención es su bigote, que lo convierte en un tipo vulgar y corriente, un hombre de la calle como los miles de individuos que por aquellos años setenta lucían mostachos similares –incluso guarda un cierto parecido con el personaje de la interminable serie *Cuéntame*, Antonio Alcántara, interpretado por Imanol Arias–. Es el hombre corriente al que no le pasan cosas extraordinarias, sino absurdas. Los primeros guiones corrieron a cargo de Carlos Conti, a quien sustituyó Efepé (Francisco Pérez Navarro) quien dotó al personaje de más calado y le dio un tratamiento más complejo a las historias, con más guiños a la actualidad y un humor menos infantiloide, tal y como pide una sociedad en plena evolución.

A mediados de los setenta España vive un período de progresivo y acelerado cambio social que anuncia el inevitable cambio político que se produce tras la muerte del dictador Francisco Franco en noviembre de 1975. Superlópez nace en el año del asesinato del Carrero Blanco, del «Eres tú» de Mocedades, del spaghetti western, de los viajes a Francia para ver la película *El último tango en París,* y su primer álbum se publica en la España de las primeras elecciones democráticas, del «Super, Superman» de Miguel Bosé, del destape, de las películas de Andrés Pajares y Fernando Esteso y del estreno de *Barrio Sésamo.*

La nueva ola del cómic español

En el terreno de los cómics la preeminencia de las revistas juveniles basadas sobre todo en el humor y en personajes franceses de los años sesenta como Blueberry o Michel Tanguy, pierden protagonismo a marchas forzadas ante lo que ha venido en llamar «el boom del cómic adulto», representado por publicaciones *Trocha, Totem, Blue Jeans* o *El Víbora,* que recogen material europeo y norteamericano, además de trabajo de una nueva hornada de creadores españoles.

A mediados de los setenta comienzan a publicarse aventuras de Superlópez de una página en la revista *Mortadelo*, en la que personaje sigue siendo una mera parodia que combate contra villanos inspirados indistintamente en los cómics de Marvel o DC como La Increíble Maza (un remedo de Hulk nacido al aspirar el humo de una industria), Luz Luminosa, (que ciega a sus oponentes reflejando en su calva la luz de una linterna) o Chiclón (un mastodonte hecho a base de chicle). En 1979 la editorial Bruguera publicó el álbum *Aventuras de Superlópez*, en el que se narran los orígenes del personaje, que parodian recurrentemente los de Superman: procede del planeta Chitón, que tiene a la península ibérica como único continente, su verdadero nombre es Jo-Con-Él, es adoptado por el matrimonio López, de un pueblo de Lérida, su personalidad humana es Juan López Fernández, un oficinista gris, seguidor del Parchelona F.C, Jimmy Olsen es Jaime González y Lois Lane, es Luisa Lanas. En toda la obra se nota el recurso caricaturesco a la película *Superman*, estrenada poco antes de la salida del álbum. Para ampliar el universo de Superlópez, el guionista Efepé crea el Supergrupo, en el que se incorporan compañeros provenientes de parodias del mundo Marvel, como Capitán Hispania (un Capitán América, con aires El Guerrero del antifaz), La Chica Increíble (la Chica Maravillosa), El Mago (Doctor Extraño), Bruto (La Cosa) o Latas (Iron Man). Por los distintas aventuras van pasando casi todos los superhéroes conocidos como Batman, Phantom, Spiderman o Thor.

A partir de 1980 Jan se encarga también de los guiones con un humor que deriva cada vez más hacia el absurdo y que poco a poco se aleja de la mera parodia del superhéroe para ir ganando peso como personaje en sí mismo, con gags y parodias de otros géneros como el policíaco, la ciencia ficción, el terror o sobre temas de actualidad. El diseño del traje también sufre algunos cambios que incluyen retoques en la letra S de su pecho –básicamente se elimina el escudo rojo bajo la letra–, para eliminar los litigios con los propietarios de los derechos de Superman. La popularidad del personaje va en aumento y en 1981 el grupo infantil Regaliz graba la canción «Superlópez». En 1985 se edita una revista con su nombre, aunque no pasa de los tres números y dos años después, con la desaparición de la editorial Bruguera, las aventuras del superhéroe español por excelencia se suspendieron hasta que en 1987 comenzó a ser publicado de nuevo en distintas revistas del grupo Ediciones B, donde en la actualidad se pública en formato álbum.

A pesar de gozar de fama y reconocimiento mundial, Superlópez no ha podido ser traducido más que de forma casi simbólica al alemán, al danés y al noruego, fundamentalmente a causa de la presión amenazante que ejerce DC Cómics con cualquiera de la versiones caricaturescas que se hacen de sus personajes. 38 años después de inventar a Superlópez, en 2011 Jan presentó a un nuevo superhéroe, Cederrom. En este caso es un personaje virtual –un programa de ordenador que cobra vida cuando se le requiere– cuya imagen recuerda demasiado a la de Batman y al que acompaña Chip, un joven informático, Tita, una dibujante

de superhéroes y Gelda, la hija de un científico, entre otros. A pesar de la buena acogida inicial, no ha tenido una repercusión similar a la primera criatura de Jan, que sigue batallando por un hueco en el mercado del cómic en pleno siglo XXI. Para 2017 está previsto el estreno de su primera película, dirigida por Javier Ruiz Caldera con guion de Borja Cobeaga y Diego San José e interpretada por Dani Rovira.

Los hijos de Superlópez

A partir de los años ochenta comienzan a surgir, aunque con cuenta gotas, personajes que se inscriben en la órbita de los superhéroes, casi siempre desde una visión humorística, lo que les convierte en herederos inevitables del inefable Superlópez. Sean abiertas parodias caricaturescas o intentos más o menos formales de adaptar el universo Marvel al mundo editorial español, todos esos personajes están unidos por la ironía, el sarcasmo y un acercamiento a las noticias y los hechos de actualidad marcado por un tono de crítica y parodia.

Burdinjaun

El superhéroe vasco Burdinjaun, El Señor del Hierro, hizo su aparición entre 1986 y 1987, en las páginas del dominical de *La Gaceta del Norte*, de Bilbao. Con guion Joaquín Agreda y dibujo de Pedro Uruñuela. Se trata del primer intento de adaptación del formato de superhéroe norteamericano en *comic book* a la realidad social de Euskadi, que por aquellos años vive una tensa situación, con el desmantelamiento de grandes industrias de la llamada reconversión industrial y en plena escalada de atentados terroristas de ETA y los GAL. La acción se sitúa en un futuro Alternativo, con el País Vasco transformado en una caótica megapolis llamada Euskopolis, sometida al terror por el tirano Gran Dakari. Burdinjaun es un ex sindicalista que obtuvo sus poderes a causa de las radiaciones de los Altos Hornos, un ex pelotari convertido en una masa de carne y metal, que intenta poner fin a la opresión y la injusticia ayudado por el profesor Kerman Bilbao, inventor de armas de alta tecnología. Enfrente tiene a Beltza, corrupto jefe de la policía, la Legezaintza, que impera en una ciudad ultraviolenta en la que luchan personajes como La Cosa de la Ría, un ser anfibio cuya orina es corrosiva, el Capitán Rioja, jefe de un grupo terrorista separatista riojano, Gargantúa, una especie de Hulk inspirado en el tobogán Gargantúa de las fiestas de Bilbao, La Dama del Amboto, una sexy hechicera que representa a la diosa vasca de la tierra y los Ultraecologistas Mutantes, dos antiguos activistas antinucleares contaminados por la radiación.

Pafman

Esta parodia de un Batman inepto y chapucero es obra de Joaquín Cera, que comenzó a publicar sus aventuras en la revista *Mortadelo* en 1987. Al igual que Superlópez, sigue la línea de humor juvenil y aventuras cortas e independientes de la editorial Bruguera, pero en esta ocasión con una fuerte carga de humor surrealista y recurso al absurdo. Pafman es superhéroe enmascarado de Logroño City, una ciudad imaginaria, cuyo ayudante es un gato inventor tan inepto como él. Su enemigo es el Enmascarado Negro, con una N en el pecho al que nunca se le ve la cara y que comparte protagonismo con personajes como el Capitán Europa, el Dr. Pacostein, el profesor Sagitarius, el Manazas, el malvado Malfendi, y el jefe Mafrune. En 1990 se publicó su primera historieta completa de veinte páginas, *El doctor Ganyuflo*, y en 1993 la segunda, *El asesino de personajes*. En 1996 desapareció para regresar ocho años después con un álbum, *Pafman redevuelve*, tras lo que ha seguido publicando con periodicidad anual.

Iberia Inc.

En 1992, mientras todo el país se zambullía en los fastos internacionales de las Olimpiadas de Barcelona y la Exposición Universal de Sevilla, con las revistas de cómics desapareciendo una detrás de otra y el manga japonés penetrando en el mercado cada vez con más fuerza, el guionista Rafael Marín y el dibujante Carlos Pacheco ponen en marcha el primer proyecto españoles de superhéroes 'serios',

en línea con los cánones establecidos por las editoriales norteamericanas. El proyecto estaba destinado a la editorial Fórum pero
no vio la luz en ese momento y terminó siendo publicada finalmente cinco años más tarde en la colección Laberinto, de Planeta–impulsada por el divulgador de cómics Antoni Guiral y dedicada a *comic books* de autores españoles– firmada por Pacheco y
Marín con dibujos de Rafa Fonteriz y Jesús Yugo. Los seis números editados cuentan las aventuras de un curioso grupo de superhéroes que trabaja para el gobierno español, presidido en aquel
momento por José María Aznar, cuyo ministro de defensa, Eduar-
do Serra, pone el rostro a Juan Pedro Lázaro, enlace secreto del
gobierno con el supergrupo español y antiguo superhéroe del régimen franquista con el nombre de Flechita. También tiene una
compañera mexicana, Duna, una especie de poderosa y peligrosa entrenadora.

A pesar de que el tono de la narración y el diseño de los personajes es absolutamente serio, es inevitable percibir un punto paródico en la mayoría de los componentes de este autóctono grupo de superhéroes integrado por Trueno, jefe del equipo formado
como superhéroe en Estados Unidos y directo homenaje al Capitán Trueno, el dios fenicio Melkart, reconvertido en Herakles

y revivido en aguas del Estrecho de
Gibraltar, Lobisome, un escritor gallego de ciencia ficción, Drac de Fe-
rro, una especie de Iron Man catalán,
Aquaviva, una superviviente de la At-
lántida y habitante de las ruinas su-
mergidas de la vieja Tartesos, Trasnu
una especie de trasgo asturiano, Dolmen un gigante originario de las Islas
Baleares y Traka, una especie de mujer antorcha valenciana. Frente a ellos
están supervillanos como el grupo de
malvados Signo y la Cofradía del Oscu-

ro Designio, la bruja Mácula, el villano francés redimido Loup Garou o los villanos tecnológicos italianos Mascheratta. Otros personajes que pululan entre la amistad y el enfrentamiento son Lince Dorado y su ayudante, Gavilán, El Burlador, un espadachín a la vieja usanza, y La Triada Vértice, un grupo de héroes integrado por Estigma, Cascabel y Mihúra, que acabará teniendo su propia publicación.

Los paisajes y situaciones tienen continuos guiños a la idiosincrasia ibérica, como el cuartel general del grupo, que se ubica debajo del lago de la Isla de La Cartuja, en Sevilla, construido durante la Expo 92, sus encuentros con la Santa Compaña en los bosques gallegos o la ubicación en el Peñón de Gibraltar de las primeras escenas de la obra. Además de los seis cuadernos con las páginas interiores en blanco y negro, se edito un álbum en color con fichas de los personajes y su entorno. En 1999 el cierre de la colección Laberinto de Planeta, supone el final prácticamente definitivo del primer gran supergrupo español, a pesar de que tanto las ventas como las críticas parecían augurarle un buen futuro.

Triada Vértice

Nacido en la serie Iberia Inc., este grupo de superhéroes autóctonos también vio la luz en la colección Laberinto de la editorial Planeta, donde se publicaron cuatro números con guion de Rafael Marín y dibujos de Jesús Merino, aunque el proyecto va firmado también por Carlos Pacheco, que estuvo en el origen de su creación. Salió al mercado en 1998, un año más tarde que *Iberia Inc.* y se trata de una versión superheroica y actualizada del trío aventurero clásico del cómic español creado por Víctor Mora en el *Capitán Trueno* y revisitado por él mismo en *El Jabato, El Corsario de Hierro* o *El Sheriff King*. La Triada está integrada por Estigma, la líder del grupo, Cascabel, una muchacha con super agilidad acrobática y Mihura, un ex legionario y elemento fuerte del grupo. En origen Cascabel es una joven fugada de su casa para unirse a un circo, Mihura el forzudo del circo y Estigma la detective encargada de buscar a la muchacha. Esta serie comparte muchos personajes con Iberia Inc., como el antiguo superhéroe franquista Flechita, o el villano Gavilán. Su primera aventura, *Sangre y arena*, tiene como escenario la Sevilla de la Expo 92. El dibujante de esta serie, Jesus Merino, es también autor de *Anibal Gris*, una serie de tres números publicada en la serie Laberinto de Planeta, en la que se bordea también el universo de los superhéroes.

Mentat

Aunque la primera de los cuatro historias de esta serie se mantiene en los parámetros del cómic de superhéroes, las tres restantes se van alejando del tema y del estilo, según ha reconocido el propio dibujante Javier Pulido, autor junto al guionista Francisco Pérez Navarro, de esta miniserie de cuatro números publicada en 1996, por Planeta en su la Línea Laberinto. La obra no tuvo excesiva repercusión pero para el dibujante canario Javier Pulido supuso la oportunidad del dar el salto al mercado norteamericano, donde ha trabajado desde entonces, tanto en Marvel como en DC.

Capitán Pio Pio

Surgido en el año 2000 de la pluma y los pinceles de Pedro Rodríguez Carballido, bajo el seudónimo Zanahorio, este superhéroe canario amante del gofio y las papas arrugás, vive en un imaginario año 2112, en el que el archipiélago se ha convertido en la mayor potencia de un planeta dividido por dos tipos de seres: los que son canarios y los que aspiran a serlo. Sus primeras aventuras fueron publicadas en el suplemento juvenil del diario *Canarias7*. Es una obra paródica y satírica con un protagonista antihéroe definido por su autor como «un superhéroe con problemas de sobrepeso y personalidad pusilánime». En 2006 Anroart Ediciones publicó seis aventuras completas.

242 | Manuel López Poy

El Vecino

En una línea bastante alejada del cómic tradicional de super héroes –paródico o no– la editorial Astiberri editó en 2004 esta serie creada por el guionista Santiago García y el dibujante Pepo Pérez, en la que se narra la relación entre dos vecinos: José Ramón, un muchacho estudioso y tímido que prepara unas oposiciones, y Javier, alias Titán, un superhéroe enmascarado que lucha contra el supervillano Doctor Tentáculos, gracias a sus tres superpoderes: superfuerza, invulnerabilidad y capacidad de volar. La historieta, que oscila entre la comedia costumbrista y el drama social, fue nominada mejor obra española en el Salón Internacional del Cómic de Barcelona de 2005.

Iberoes, el

Supergrupo hispanoluso que aparece en diciembre 2009, obra del guionista y dibujante Íñigo Aguirre, en una colección autoeditada por el propio autor que ha sobrevivido durante ocho años. Con una clara inspiración en los grupos superheroicos de Marvel, recupera un cierto tono satírico que le enlaza indirectamente con la herencia de Superlópez. La historia se desarrolla en Iberia, un país hipotético surgido de la unión de España y Portugal tras la crisis colonial de 1998, con Lisboa como capital y Canarias como estado libre asociado. El grupo está integrado por variopintos y un tanto paródicos personajes procedentes de los más variados puntos de la geografía ibérica. Su líder es Viriato, un lisboeta que homenajea al guerrero lusitano que durante años se enfrentó a las legiones romanas, y está acompañado por el aragonés Abad Abraham, el mago del Moncayo, la alicantina Tina Gelatina, la mujer-gominola, el robot jerezano Andy Androide, los Birli & Birloque, gemelos terroríficos de Salou, el gallego Ramón del Valle, maestro del relámpago y clon del escritor Ramón María del Valle Inclán, y El Representante, una especie de coordinador manchego. Su supervillano de cabecera es Flor de Loto, un siniestro oriental que pretende apoderarse del mundo mediante una red de venta ambulante de rosas, cuya sede central está en el Barrio Chino de Barcelona. El supergrupo tiene su cuartel general en el Palacio de Linares, en la madrileña Plaza de la Cibeles. Curiosamente, en los años ochenta, este palacio se hizo célebre por los rumores de que estaba habitado por un espíritu que recorría sus estancias, por entonces vacías y semi ruinosas. El primer número, *La guerra de las rosas*, tuvo una acogida entusiasta y se vendió en pocas semanas, recibiendo una nominación al autor revelación del 2009 en el Salón del Cómic de Barcelona. Tres años después lanzaba la segunda parte, *Ibéroes. Día libre*, y en 2015 Íñigo Aguirre editó la tercera, *Ibéroes. Algo nuevo, algo viejo, algo prestado*, en la que está acompañado en los dibujos por Pow Rodrix, Vik Bogdanovik. Se trata del cómic de superhéroes autóctono más perdurable en la historia de nuestro país.

Centoloman

El primer, y por el momento único, mutante gallego, es un personaje que nace del merchandising para pasar luego a las páginas del cómic. Se trata de un personaje creado en 2009 por Pablo Centolo para la marca gallega de camisetas y complementos creada junto a su hermano Salvador, Rei Zentolo, que en su versión en papel contó con el guion de Rodrigo Cota y el dibujo de Jano (Alejandro Viñuela Agra). Se trata de un personaje absolutamente paródico que milita en el absurdo. El protagonista es un trabajador que trabaja con sucesivos contratos precarios en una empresa de tratamiento de residuos en la que impera la corrupción y el deterioro medioambiental. Centoloman, un cruce entre

humano y marisco que se presenta con una portada que es una réplica exacta del primer número de Superman, nace de una mutación sufrida por el trabajador al caer en un pozo contaminante junto a un suculento centollo, para dar inicio a una disparatada parodia que por el momento no ha tenido continuidad.

El Capitán Madrid

El castizo héroe madrileño, nació en 2011 en las páginas de la guía cultural *ON Madrid*, obra del guionista Daniel de Partearroyo y dibujante Jesús Alonso Iglesias. Vestido con un traje negro y rojo con una M en el escudo y en la capucha y las estrellas de la bandera de la comunidad madrileña en el pecho, sus orígenes se remontan a los días del Dos de Mayo, en la Guerra de la Independencia.

Su archienemigo es una encarnación de la botella de Tío Pepe, resentida por haber sido olvidada como icono de Madrid –por aquellas fechas había sido retirada la histórica imagen publicitaria de Tío Pepe que coronaba uno de los edificios de la Puerta del Sol, a donde volvió cuatro años después–. Este cómic de tono paródico fue editado coincidiendo con el estreno de la película *Capitán América, el primer Vengador,* y no tuvo continuidad.

1936, La Batalla de Madrid

En 2014, se produce una singular novedad con la edición del cómic, *1936, La Batalla de Madrid*, que introduce a los superhéroes
en el entorno de la Guerra Civil Española. La historia fue autoeditada el guionista, Rafael Jiménez, y el dibujante, José Antonio So-
llero, que crearon un álbum magníficamente documentado en
el que el rigor histórico de los hechos de los primeros días del
asedio a Madrid por las tropas franquistas, se entremezcla perfectamente con la fantástica e imaginaria intervención de superhéroes, magos y seres sobrenaturales varios. Los personajes son
Saeta, un mutante del ejército republicano que supera la velocidad del sonido y que dirige un grupo de brigadistas internacionales, Alcázar, un militar sublevado con fuerza sobrehumana
superviviente del asedio al Alcázar de Toledo, Cruzado, un Gran
Maestre de la orden de Santiago convertido en mago, y Moham-
med Ben Mizzian, un oficial real de las tropas indígenas regulares de Franco, que en la ficción se transforma en una especie de
demonio de las leyendas árabes.

Piel de Toro

El guionista Rafael Jiménez, con la colaboración del dibujante
Juanfra Martínez Borges, también conocido como JuanfraMB,
volvió a la carga en 2015 con otra curiosa aproximación al universo superheroico español con un grupo de superhéroes de los
años sesenta, jubilados en los ochenta, que regresan cuando el
país entra en crisis. Son personajes surgidos de los años del franquismo que regresan para luchar contra una organización terrorista antisistema llamada La Garra. Se trata de algún modo de un
homenaje a los superhéroes clásicos con un elenco de personajes que no se acaban de despegar del punto paródico, como Azor,
un ingeniero inventor de un traje volador, El León de Leganés, un
antiguo boxeador metido a justiciero, Gato Negro, un aventurero
que es un talismán de la buena suerte, Rojigualda, un supersol-
dado remedo del Capitán América, El Centinela, un fraile obse-

sionado con la masonería, La Garra, una especie de hombre lobo, las acróbatas Malvaloca y Zarzamora, superheroínas estilo Catwoman y El Duque, aristócrata y aventurero.

Capitán Extremadura
En 2015 Esteban Navarro, un autor de cómics cacereño crea el primer superhéroe extremeño en su obra *El Capitán Extremadura contra el mal*, en la que también aparece el primer supervillano: el Duende Rojo de Badajoz. Con un estilo caricaturesco que le emparenta con Superlópez y se inspira en el Capitán América, el Capitán Extremadura lleva un uniforme de color verde, con dos alas de cigüeña en la cabeza y un escudo con los colores de la bandera extremeña. Su cuartel general está en el Parque Nacional de Monfragüe y sus aventuras tienen como escenario diversas ciudades extremeñas donde lucha a brazo partido con parodias del mundo del cine y los superhéroes. En el ámbito extremeño también hay que señalar la obra de Roberto Massó, *Medieval Rangers,* en la que los Power Rangers se convierten en protagonista de un códice medieval.

La penúltima novedad en el ambiente español de los superhéroes ha sido la visita efectuada a Madrid en marzo de 2017 por los componentes de los X-Men en el episodio *Muerte de X*, que transcurre en la capital de España y algunos otros puntos del país con la habitual exhibición de tópicos en sus viñetas: molinos de la Mancha, Toros de Osborne y monumentos como la Cibeles.

Españoles Made in USA

En la segunda década del siglo XXI la participación española en la creación de superhéroes en cualquiera de las grandes, o pequeñas, editoriales norteamericanas, ha dejado de ser un hecho extraordinario y por las manos de dibujantes españoles han pasado prácticamente la totalidad de los grandes personajes del cómic de superhéroes. Carlos Pacheco, Salvador Larroca, Pasqual Ferry, Javier Pulido, Ramón F. Bachs, Jesús Merino, Ángel Unzueta, Jesús Saiz, Miguel Ángel Sepúlveda, Ramón Rosanas, Emma Ríos, Pepe Larraz, Natacha Bustos, David Aja, Marcos Martín, Daniel Acuña, Gabriel Hernández, David Lafuente o Gabriel H Walta, galardonado en 2017 con un premio Eisner– por citar sólo una representación de los más de 60 autores que trabajan en el mercado norteamericano– son una muestra de la cantidad de historietistas españoles que trabajan para Marvel, para DC, para las dos o para cualquiera de las editoriales más modestas e independientes de los Estados Unidos. Lo que ya no es tan habitual ni proporciona una lista tan abultada, son los superhéroes de origen español pero creados por la industria del cómic norteamericana y de los que esta resumen es una muestra.

Diablo

Cronológicamente abre este apartado, Esteban Corazón de Ablo, supervillano conocido como Diablo y El Alquimista, creado en 1964 por Stan Lee y Jack Kirby en la publicación de Marvel *Fantastic Four vol. 1*. Se trata de un poderoso mago alquimista del siglo IX, nacido en Zaragoza, que vendió su alma al diablo a cambio de la vida eterna y acabó trasladándose a Transilvania, donde estableció su base, hasta que los lugareños lo enterraron en una cripta bajo su propio castillo, donde fue localizado un siglo después por Los 4 Fantásticos. Diablo convenció a La Cosa de que entrase a su servicio a cambio de un elixir que le daba apariencia humana. Su magia le convirtió en millonario, pero el efecto de sus pócimas era pasajero, lo que liberó a La Cosa y convirtió al alquimista zaragozano en una supervillano al que el supergrupo fantástico volvió a enterrar en la cripta. Sin embargo Diablo logró escapar para viajar a los Estados Unidos para acabar enfrentándose en diversas aventuras con numerosos personajes de Marvel, como Iron Man, el Doctor Muerte, Crystal la Inhumana, Alpha Flight (El Escuadrón Alfa) e incluso Spiderman. Sus poderes, además de la transmutación de los elementos a través de la alquimia, son la posibilidad de cambiar su apariencia física, la teletransportación, hipnotismo, invulnerabilidad y un arsenal de pociones químicas y mágicas. También ha aparecido en versiones paralelas como *Age of Apocalypse* de los X-Men, *El Origen de de Especies* o *Marvel Zombies*. En 2005 apareció en el videojuego de los Cuatro Fantásticos y en *Ultimate Fantastic Four Vol 1 nº39*, publicada en 2007, su versión en el Universo Ultimate ha pasado a llamarse Menéndez Flores y está confinado en una prisión del Milán del siglo XV.

El Águila

Alejandro Montoya, más conocido como El Águila, hizo su aparición en el número 58 de *Power Man and Iron Fist*, en agosto de 1979, mientras en su país natal, España, se vivía un verano especialmente violento, con atentados de ETA en aeropuertos y estaciones de tren, asesinatos de guardias civiles y policías y un muerto por disparos de la policía en una manifestación en San Sebastián. Montoya nació en un pueblo próximo a Madrid, se supone que a finales de los años cincuenta y en el seno de una familia acaudalada, y en su infancia descubrió que tenía la capacidad mutante de generar electricidad, mientras aprendía el noble y antiguo arte de la esgrima. Emigra a los Estados Unidos y se instala en Nueva York, donde vive desahogadamente de sus rentas y decide convertirse en El Águila, un nombre que adoptó de otro antiguo personaje de la Marvel que vivió sus aventuras a finales del siglo XIX. Armado con un sable, eligió una vestimenta al más puro modelo latino de justiciero: El Zorro. Con sus botas de montar, su máscara roja, a juego con los pantalones, un águila amarilla bordada en el pecho de su camisa negra y un sombrero cordobés, se dedicó en sus primeros tiempos a luchar quijotescamente contra todo tipo de rufianes. Pero en lugar de aplausos lo que cosechó fueron las sospechas de la policía y de otros tres superhéroes de los bajos fondos neoyorquinos: el super experto en artes marciales Puño de Hierro, su novia la ex policía afroamericana 'Misty' Knight y Luke Cage, un antiguo pandillero de los Bloods reconvertido en superhéroe de alquiler. Pasado el primer momento de ofuscación, los cuatro se dan cuenta de que en realidad están en el mismo bando, y se alían para luchar contra asesinos a sueldo y villanos de medio pelo. En su nómina de enemigos, El Águila tuvo a Hawkeye (Ojo de Halcón), con quién también acabó haciendo buenas migas, al mutante Sabretooth (Dientes de sable), miembro de los X-Men y a Constrictor, un ex miembro de SHIELD. Creado por la guionista Mary Jo Duffy y el dibujante Dave Cockrum, Alejandro, era hijo de David y Rosario, y tenía tres hermanos, Pedro, Conchita y Rosita Montoya, todos muertos, y una prima, Migdalia, una morena de ojos marrones, a la que incorporó al universo de los superhéroes después de que ella le pidiese ayuda para deshacerse del Conquistador, un mafioso que amenazaba y extorsionaba a los vecinos de su pueblo natal, que llevaba el dudoso nombre de San Elainya. En realidad Migdalia no sabía que su primo emigrado tenía una doble personalidad, así que se quedó prendada cuando éste derrotó al malvado conquistador ataviado como El Águila y lanzándole una de sus descargas bioeléctricas que lo envió contra las aspas del típico e inevitable molino de viento. Tras esta hazaña en su pueblo natal Montoya regresó a los Estados Unidos donde, tras un intento fallido de sumarse a Los Vengadores de los Grandes Lagos, se le perdió la pista, aunque recientemente han corrido rumores y noticias sobre su reaparición en una nueva serie titulada *El all-new Águila*.

Fire-Eater

Tomás Ramírez es un madrileño que trabaja como tragafuegos en un circo con el que viaja a Estados Unidos, donde decide quedarse para convertirse en el supervillano Fire-Eater (Tragafuegos) a las órdenes de Maynard Tibolt, más conocido como Ringmaster. El personaje aparece por primera vez en 1981, en el número 76 de *Marvel Two-In-One Vol 1*, con guion Tom DeFalco y dibujos de Jerry Bingham. Durante su estancia en Norteamérica, Ramírez se une a Ringmaster (Jefe de Pista), un personaje que poseía un circo ambulante que usó al principio para reclutar asesinos lo usaba para reclutar asesinos para los nazis y que acabó convirtiendo en una empresa criminal denominada Circo del Crimen, donde al tragasables madrileño acabó compartiendo aventuras con un elenco de variopintos criminales como la Princesa Pitón, el Payaso, La Bala Humana, Tarrax el Domador y los Hermanos Gambonno Voladores. Durante su carrera delictiva Fire-heater se enfrentó a La Cosa, Hulk, Goliat Negro, el Hombre de Hielo o el Motorista Fantasma, quien le derrotó y le obligó a huir con el resto del circo al extranjero. Su superpoder consiste en revertir sus habilidades circenses y proyectar bocanadas de fuego, al tiempo que lanza discos incendiarios.

Paco Cárdenas

En agosto de 1992, el guionista Dan Abnett y el dibujante Doug Braithwaite dan vida en las páginas de *Punisher Vol 2* a un delincuente español que dirige una organización criminal que se enfrenta al supervillano Kingpin cuando éste pretende establecer un nuevo sindicato mafioso en Europa. En el enfrentamiento Kingpin intenta eliminar a jefes criminales de distintos países europeos y Paco Cárdenas, instalado en el norte de España contrata los servicios del villano de origen hispano Tarántula y The Punisher, pero al final es traicionado y asesinado por su sobrino, que trabaja para el supervillano de Marvel.

Pícaro

En abril de 1996 dos españoles, Xavier Marturet y Paco Díaz, crean en la revista de *Marvel Europa nº0*, al mutante miembro de Euroforce, llamado Antonio Rey, más conocido como Pícaro. El supergrupo científico Euroforce nació como la unión de los equipos distintos, Task Force y Eurolab, grupo éste integrado por Key, ex miembro de S.H.I.E.L.D. y líder del equipo, la mutante Danger, la cyborg Deep Sight, la telépata Nuage, y el propio Pícaro, que es el especialista en comunicaciones.

La primera misión de Euroforce transcurre precisamente en tierras españolas, donde rastrean la presencia de monstruos en unas excavaciones arqueológicas, en las que acaban descubriendo que la Inquisición había condenado a muerte a los descendientes de una raza de inhumanos y los habían encerrado en un laberinto de cuevas subterráneas. Sin embargo los inhumanos había sobrevivido al devorar a los extraterrestres de una nave skrull que fueron capturados por la propia Inquisición y arrojados también al laberinto de cuevas. Los inhumanos se transformaron en monstruos y Pícaro comenzaría su carrera superheroica.

Vargas

De origen español es también el supervillano creado por Chris Claremont y Salvador Larroca en julio de 2001, en el número 1 de *X-Treme X-Men*. Donde se enfrenta a los X-Men en su país natal, tras su captura por un equipo de operaciones especiales de la Guardia Civil y la posterior fuga. Más que superpoderes, tiene una excepcionales capacidades físicas y una fuerza sobrehumana y un ego superlativo que le lleva a proclamarse el legítimo Homo Sapiens Superior y la única respuesta eficaz de la humanidad frente a los mutantes marvelianos. Tras enfrentarse a la Bestia, Mariposa Mental, Gambito, Pícara y los Merodeadores, murió a manos de uno de estos últimos, Arpón, en *X-Men Vol 2 nº 202*, publicado en octubre de 2007. A pesar de que Pórtico, la mutante adivina a la que Vargas robó el diario de sus profecías, afirma que sigue vivo, nadie ha vuelto a saber de él desde entonces. En el número 1 de *X-Treme X-Men*, aparece también Diego Sandoval, un oficial de la Guardia Civil creado por Chris Claremont y Salvador Larroca, que capitanea Fuerza de Acción, el equipo especial de la benemérita creado expresamente para combatir a los mutantes y amenazas de diversa naturaleza, y que colabora con los X-Men. Otro personaje autóctono de este cómic es la ficticia Ministra de Interior, una sexy y joven María Pilar Cortés, jefa de Sandoval.

Captain Spain

En marzo de 2005, con las tropas del ejercito español recién regresadas de la guerra de Irak, el guionista Mark Millar y el dibujante Bryan Hitch, dan vida en las páginas de la revista *Ultimates 2,* al primer superhéroe hispano de primera línea en el universo Marvel, encarnado por primera vez por un soldado de élite español. Se trata de Carlos Fraile, que fue seleccionado por el gobierno español como representante en el programa IDE (Iniciativa de Defensa Europea), cuyo objetivo era la creación de un grupo europeo de superhéroes. Dicho grupo está bajo el mando del Capitán Britania, integrado por capitanes de los distintos países (el Capitán España, Carlos Fraile, el segundo al mando del equipo, el Capitán Francia, Hugo Etherlick y el Capitán Italia, Umberto Land), siguiendo el modelo norteamericano de Los Vengadores. Sus superpoderes provienen de la ciencia, concretamente de los avances en biotecnología del profesor sir James Braddock, que proporciona a los soldados europeos capacidades biológicas superdesarrolladas a base de implantes musculares, injertos de nano robots y trajes de super resistencia diseñados en base a los colores de la bandera nacional de cada país. En el caso de Carlos Fraile, toda esta tecnología le confiere la capacidad de volar, un escudo de campo de fuerza y, obviamente, una fuerza, una velocidad y una capacidad de resistencia más allá de lo normal. A pesar de que su aspecto físico –rubio y con ojos claros– le aleja del estereotipo racial latino y español, su carácter sí le acerca al tópico, siendo definido habitualmente como el más jovial, extravertido y fiestero del supergrupo. Tras diversas batallas contra otros personajes del mundo marveliano como Loki o Thor, Carlos Fraile se ha convertido en el único superviviente del IDE junto al propio Capitán América. Es el superhéroe español que más alto ha llegado en el escalafón del universo Marvel.

Paella Man

En 2015 surge una nueva parodia española de un superhéroe, Paella Man, pero esta vez no en una publicación autóctona sino en las páginas del cómic oficial de Los Simpson, concretamente en *Summer Shindig nº 09*. Tratándose de la popular y desestructurada familia creada por Matt Groening, el personaje es una parodia extremada y ácida. Con un traje blanco de evidentes reminiscencias taurinas, una capa roja, una letra P en la hebilla del cinturón y un emblema con una gamba y una chirla en el pecho, su misión parece ser la de preservar y difundir el orgullo nacional a base de tópicos costumbristas. Esta misión le lleva hasta Sprinfield para defender la celebración de un Festival sobre España que corre peligro de ser anulado.

CAPÍTULO 13
SUPERHÉROES
LATINOAMERICANOS

El Hombre de Acero aprende español

En 1938 la revista mexicana *Paquito*, recogió en sus páginas la primera aparición de Superman publicada por *Action Comics*, que también tuvo acogida, junto a los primeros superhéroes como Batman y Wonder Woman, en las tiras cómicas de los periódicos aztecas. Junto a México, Argentina es el país con mayor tradición de cómics de América Latina y uno de los más sobresalientes del mundo. Bastan media doce de nombres para acreditar esta afirmación: los guionistas Héctor Germán Oesterheld y Carlos Trillo, y los historietistas José Luis Salinas, Francisco Solano López, Alberto y Enrique Breccia, Alberto Breccia, Enrique Breccia u Horacio Altuna. Por eso resulta bastante lógico que la primera publicación con revista propia de Superman en Iberoamérica se produjese el 10 de enero de 1950, en *La revista del Superhombre* de la Editorial Muchnik. Pero no era el primer superhéroe, ya que cinco años antes la revisa *Patoruzito* había comenzado a publicar las hazañas del primer Capitán Marvel. La primera aventura de Superman publicada en Argentina fue *El regreso de Superman a Krypton*, que se correspondía con la tercera aventura del Superman norteamericano publicada en diciembre 1949, aun-

que la portada argentina no era la misma, ya que se utilizó una viñeta ampliada en la que se anunciaban los orígenes del Hombre de Acero, que estaba acompañado en páginas interiores por una aventura de Batman.

Dos años después, en 1952, en el otro país puntero del cómic latinoamericano, México, Superman aparecía publicado en una revista de Ediciones Recreativas, justo antes de que se convirtiese definitivamente en Editorial Novaro, la empresa que durante las décadas siguientes surtiría al universo del cómic en castellano, España incluida, de las historietas de superhéroes producidas en Estados Unidos. El primer número tampoco coincidía con el número uno del lanzamiento de Superman en USA, sino al número 73, retitulado como *Superman conoce a Sansón Fierro 'El hombre de acero'*, convertido desde entonces en una joya para coleccionistas. A pesar de que la empresa tenía su sede en México, Novaro pronto se extendió a países como Perú, Colombia o Chile y a partir de los años sesenta Novaro se convertiría en el abastecedor de historias de superhéroes norteamericanos en el mercado hispano, aunque de una forma un tanto caótica en cuanto a las numeraciones y el orden de las aventuras. Pero Latinoamérica fue también cuna de numerosos superhéroes autóctonos, tanto en su creación a manos de autores nacidos en países del sur del Río Grande como los creados por autores de editoriales norteamericanas. Muchos de estos últimos han sido ya reseñados en el capítulo número 7 de esta obra, dedicado a la irrupción de los superhéroes raciales en el mercado norteamericano y para el resto abrimos un espacio de resumen dedicado a los superhéroes más destacados creados en los distintos países latinos.

Argentina

Cronológicamente, el primer superhéroe en sentido estricto de origen argentino, no nació en el país austral, sino en los Estados Unidos. Se trata de El Gaucho, o The Gaucho of Argentina, en su denominación oficial de origen, aparecido en enero de 1955 en el número 215 de *Detective Comics*, con guion de Edmond Hamilton y dibujos de Sheldon Moldoff. La historieta se titulaba *The Batmen of All Nations* y en ella se presentaba a varios personajes similares a Batman con diferentes nacionalidades. Sus atributos eran su fuerza, su habilidad como jinete y su habilidad en el manejo de las boleadoras, la herramienta tradicional de los gauchos de la pampa, en cuyo traje típico se inspiraba el uniforme del superhéroe. En 2007, Santiago Vargas, alias el Gaucho, pasó a integrarse en los Guardianes Globales, con más protagonismo y un

aspecto totalmente remozado, aunque no por ello, menos estereotipado: en lugar de un caballo monta una moto y su aspecto es un cruce entre el gaucho pampero y el motero salvaje que bebe cerveza Quilmes. En sus aventuras junto a Batman se pueden encontrar referencias a la Guerra de las Malvinas y otros temas netamente argentinos.

En 1995 DC Comics editó un curioso aunque intrascendente personaje llamado Powerhaus, un argentino de origen alemán, que usa las emociones ajenas para aumentar su fuerza y su tamaño. Pero la mayor aportación de DC al universo superheroico argentino es Super Malón, el grupo creado por el guionista norteamericano Chuck Dixon y el dibujante argentino Quique Alcatena. Aparece en el año 2000 en la historia *Haunted Pampas* de la publicación *Flash nº13*. En sus aventuras no se evitan las referencias a los temas más espinosos de la historia argentina, como el peronismo, las revueltas de 1969 y los desaparecidos de la dictadura militar. El grupo está integrado por Pampero, cuyo traje lleva los colores de la bandera nacional, Bagual, un humanoide con cabeza de caballo, Lobizón, el hombre lobo argentino, la hechicera La Salamanca, el ladrón acróbata Vizacacha, El Yaguareté, con el aspecto y la velocidad del jaguar y Cimarrón: un espadachín enmascarado.

En esta nómina de superhéroes made in USA hay que incluir también a Defensor, un personaje de Marvel creado en 1982 por el equipo de guionistas e ilustradores integrado por John Romita Jr., Mark Gruenwald, Bill Mantlo y Steven Crant. Se trata de un curioso personaje llamado Gabriel Carlos Dante Sepúlveda, oriundo de la ciudad de Córdoba y desaparecido de los cómics en 1995, cuya mayor aportación ha sido su armadura, similar a la de los antiguos conquistadores españoles, hecha de un indestructible material llamado Vibranium. Tanto Marvel como DC también crearon supervillanos como el brujo Gualicho, una suerte de Patoruzú –uno de los personajes más simbólicos de la historia del cómic argentino caricaturizando a un cacique indio, el último de los tehuelches– pero con la cara deformada y de muy mal carácter, Tatu, una especie de cruce entre Godzilla y un armadillo, Scorpiana, la villana creada por Grant Morrison y especializada en venenos o Lasher, el alter ego de Ramón Hernández, un mercenario enemigo de Spiderman.

Pero la historieta argentina también posee un importante cupo de producción nacional de superhéroes. El precedente de todos ellos se llama Misterix y es creación ítalo-argentina protagonizada por un científico de origen británico creado en 1946 por el guionista Massimo Garnier y el dibujante Paul Campani y publicado en Argentina por la editorial Abril. Se trata de un personaje enfundado un traje que lo hace invulnerable y armado con un lanzador de rayos nucleares instalado en la hebilla de su cinturón. Algunos autores han querido ver en él un precedente de Iron Man creado 17 años antes de que Marvel lanzase su personaje.

Genuinamente platenses

Al igual que sucedió en España, el primero de los superhéroes en el país austral fue fruto de una falsificación oportunista. En 1965 el editor José Alegre, más conocido como El Turco, le encarga a un joven Horacio Altuna la creación de Super Volador, un Superman made in Argentina que resultó ser una copia tan descarada que, antes de que el King Features Sindycate, propietario de los derechos, interpusiese demanda judicial, El Turco decidió montar una cortina de humo y convertir al personaje en tres distintos: el propio Super Volador, rubio con antifaz, El Capitán Tornado, cabello oscuro, bigote y antifaz, y Titán, pelo negro y sin antifaz. La variación no encubría la trampa, pero hizo las

delicias de los lectores hasta que un año después, en 1966, hizo su aparición uno de los superhéroes argentinos más emblemáticos y el primero al estilo del *comic book* americano: Sonomán. Obra del artista porteño Osvaldo Walter Viola, conocido como Oswal, fue publicado el 15 en la Revista *Anteojito*. Sonomán tiene uno de los superpoderes más curiosos: el músico-mental, o la capacidad de controlar los sonidos y convertir su cuerpo en una onda que se desplaza muy rápido y con una fuerza descomunal, además de poder reproducir fielmente cualquier tipo de sonido. No menos curiosos son los poderes de su compañeros, el Hombre Museo, una enciclopedia viviente, Ágatha, maga que posee respuesta a todo y el Doctor H. H. Eclu, que se comunica con crípticos mensajes a base de siglas. Siendo un superhéroe del sonido, era inevitable su vinculación con la música, que llegó desde una de las míticas bandas argentinas de rock, Soda Stereo, que en 1996 grabó un tema inspirado en el superhéroe.

Pasarán más de dos décadas hasta que lleguen aires de renovación. En 1990 el guionista y dibujante Jorge Lucas publica en el fanzine Arkham, la primera historieta de El Cazador, un antihéroe *underground*, un justiciero salvaje que lograría su definitiva personalidad dos años después, cuando se incorporan al proyecto los dibujantes Ariel Olivetti, Mauro Cascioli y Claudio Ramírez. Cazador, o El Cazador de Aventuras, como también es conocido, es un personaje que ejerce una violencia casi obscena que se regodea en el lado más duro de la crítica social usando el lenguaje más barriobajero y soez que conoce. Gracias a ello logró una popularidad creciente, apoyada también en cameos de personajes tan famosos como Maradona, el entonces presidente argentino Carlos Saúl Menem, Fidel Castro o el campeón de boxeo Mike Tyson. Se publicó durante toda la década de los noventa y reapareció en el años 2010 convertido en una mito del cómic argentino con sus historietas cargadas de violencia, sexo, intencionalidad critica y un humor muy ácido.

Vengadores de la memoria

En agosto de 1993, con cerca del 15 por ciento de los hogares argentinos en situación de pobreza, nace el primer defensor de los excluidos sociales, Animal Urbano, un mutante salido de las aguas del Río de la Plata, a las que fue a parar en los años setenta, en uno de los vuelos de la muerte desde los que se arrojó a centenares de desaparecidos durante la dictadura. Vuelve sediento de venganza, por él y por todos los que fueron masacrados por el terror, entre ellos el creador del Eternauta, Héctor Oesterheld, torturado y asesinado junto a sus cuatro hijas, al que rinde un emotivo homenaje. El guion inicial es de Tato Dabat y el dibujo de Edu Molina, pero a partir del tercer episodio Guillermo Grillo se encarga de escribir las historias, con un tinte más político y social y un universo de personajes que reflejan la realidad argentina. Ha pasado por numerosas vicisitudes de publicación, con desapariciones y reapariciones constantes y aún se publica de forma esporádica. En una línea diametralmente opuesta está Megaman, un homenaje a los clásicos creado en 1996 por Fernando Calvi. Es un tipo corriente que adquiere superpoderes al pronunciar la palabra 'megaluna' y ser golpeado por un rayo que lo convierte en un personaje más típico de los años cincuenta que de los noventa. No tuvo buenas ventas y se canceló al tercer número. Suerte parecida corrió El Ojo Blindado, aparecido en 1997 y que toma su nombre de una canción del grupo de rock Sumo. Creado por Waccio Skatter, aporta la curiosidad de vincular su poderes mentales al sexo y vive sus aventuras en la capital porteña imaginaria de Nuevos Aires. Quién sí alcanzó popularidad fue el Caballero Rojo, aparecido en 1997 en la revista *Comiqueando* con un éxito que propició la aparición de un *comic book* propio de este héroe inspirado en un personaje de *Titanes en el Ring* –célebre programa de televisión argentino dedicado al espectáculo de lucha libre–, con guiones de Toni Torres y dibujos de Mariano Navarro. Se publicó hasta el año 2000 y en el 2007 la editorial Domus lanzó un número dedicado a los orígenes del personaje, con cinco historias inéditas, en su revista *Caballeros*, en la que el personaje aparece como perteneciente a una dinastía de héroes –al estilo de de The Phantom– que comenzó en 1096, sir Jacques de Lyon, el primer Caballero Rojo, un título que se hereda de generación en generación, hasta llegar a Aníbal Reynoso Caballero Rojo en los años cuarenta, quien al ser herido acaba delegando en su nieto, Rafael Reynoso, el Caballero Rojo número 34, después de que su hijo renuncie para convertirse en el luchador de *Titanes en el Ring,* Humberto Reynoso, un personaje real que falleció en el año 2007.

En 1999 el equipo formado por Rafael Curci al guion, y Marcelo Basile y Tomás Coggiola en los dibujos lanzaron uno de los superhéroes más innovadores bajo el título de *Mikilo El retorno de un mito*. Mikilo es otro superhéroe bastante atípico. Se inspira una deidad del pueblo diaguita, que habitaba el noroeste de Argentina antes de la llegada de los españoles, y se caracteriza por un sentimentalismo casi antropológico. No tiene superpoderes y sus enemigos suelen estar inspirados también en la mitología prehispánica. Ese mismo año de 1999 aparece el primer y único número de Asesino 55, un criminal profesional que huye de la agencia para la que trabajaba, mitad humano y mitad felino. Se trata del primer cómic de Gabriel Luque, un autor que se convertirá en una estrella del manga en los albores del siglo XXI.

México

La eclosión de los cómics en México se produce sobre todo a partir de 1949 cuando la Editorial Novaro comienza a publicar en el país sus historietas del *comic book* norteamericano, con las que la editorial azteca reproduce las aventuras de superhéroes norteamericanos en todo el ámbito de los países de habla hispana. Superman, Batman o Wonder Woman son ya unos personajes conocidos del público mexicano cuando comienzan a aparecer los superhéroes autóctonos, lo que sucede a principios de los años cincuenta, cuando los populares personajes enmascarados de la lucha libre dan el salto a as historias de ficción. El primero y más famoso de todos será Santo, el Enmascarado de Plata, publicado el 3 de Septiembre de 1952 por la editorial que acaba de montar ese mismo año José Guadalupe Cruz. Santo era luchador Rodolfo Guzmán Huerta que se convirtió también en un famoso actor y un ícono de la cultura popular mexicana. Hubo otros durante cerca de 50. Hubo otros luchadores famosos, como el Demonio Azul y Mil Máscaras, que se hicieron mucho más populares en el cine y la televisión que en el cómic. Pero la leyenda más importante es la que creó Santo y que hoy prolonga su hijo, que se hace llamar obviamente, El Hijo del Santo. En 1971 Federico Curiel dirigió la película *Campeones Justicieros*, con un equipo de luchadores que incluye, además de a los mencionados, a Tinieblas, La Sombra Vengadora, El Médico Asesino y Black Shadow, unidos para luchar contra el villano Doctor Marius Zarkoff, más conocido como Mano Negra.

Kalimán el pionero

Pero para la mayoría de los especialistas el verdadero pionero es Kalimán, un personaje procedente de un serial de radio –donde fue creado en 1963 por Rafael Cutberto Navarro y Modesto Vázquez– que pasó al cómic en noviembre de 1965 con guiones de Clemente Uribe Ugarte (Clem Uribe) y dibujos de René del Valle. Se publicó semanalmente y sin interrupción durante 26 años, narrando las aventuras de un huérfano adoptado por un príncipe de un imaginario y remoto país asiático, que pertenecía una dinastía de hombres dedicada a luchar por la justicia en todo el mundo. Kalimán no tiene superpoderes pero es maestro en artes marciales y posee grandes capacidades mentales y habilidades curativas. A mediados de los años sesenta aparecen también Zor y los Invencibles, un equpo de superhéroes creado por Oscar González Guerrero para la editorial Editormex, e integrado por Patty, Pipo, Tito y Zor, dos niños con superpoderes, un robot alienígena y una mascota, que junto al Coronel Megatón, luchan contra el crimen en una idílica ciudad llamada Villa Feliz, cuya paz pretenden turbar malechores como Elektro, la Bruja Electrónica, el Villano de Cristal o la Capitana Elektra. Sus aventuras se publicaron con gran popularidad durante más de dos décadas.

Fuera de los comics, en 1970 aparece la más célebre parodia de los superhéroes y uno de los más populares personajes de la

televisión mexicana, El Chapulín Colorado, creado por Chespirito (Roberto Gómez Bolaños). En 1974 apareció por primera vez en una revista de historietas y ha sido además protagonista de diversos homenajes, como en el año 2004, cuando el dibujante mexicano Carlos D'Anda, que trabaja para DC, lo incluyó en una escena de una aventura de Superman, algo similar a lo que hizo en 2017 el dibujante de Marvel, Humberto Ramos, al crear la superheroína Red Locust, en un claro homenaje al personaje mexicano.

A principios de los setenta, con el imperio Marvel eclipsando la producción nacional, apenas se produjeron superhéroes méxicanos, aunque a este período pertenece, Águila Solitaria, un personaje muy popular publicado por la editorial RaCaNa desde 1976, habitualmente vinculado a los superhéroes aztecas, aunque se trate de un héroe indio sin superpoderes, el único sobreviviente de una tribu desconocida, que protagoniza grandes hazañas escritas por Víctor Fox (Héctor Gonzáles Dueñas).

El corto vuelo del Hombre Mosca

Habrá que esperar a finales de la década para que aparezca uno de los personajes autóctonos más interesantes, Zooman, el Hombre Mosca, creado por Miguel F. Callejas en 1979. Se trataba de un personaje bastante bien construido que quizá mereciese mejor suerte de la que tuvo. Narraba la historia de Leny, un entomólogo especializado en moscas que trabajaba en el laboratorio de un zoológico de Ciudad de México con cuatro profesores: Chin, Hank, Fausto y Barof, este último implicado en asuntos turbios y que resulta asesinado justo cuando Leny –al que se culpa del crimen– es afectado por una aleación de calamina y plata y se convierte en un superhéroe con un llamativo traje amarillo con una Z en el pecho, botas guantes de red y unos inmensos ojos de mosca a modo de antifaz. Se trata de un personaje de enorme fuerza y agilidad, con capacidad para volar y visión de mosca que le permite muchos enfoques al mismo tiempo, que se dedica a proteger la Ciudad de México mientras intenta limpiar el nombre de su alter ego Leny. La historieta fue publicada simultáneamente en México, Colombia, Ecuador y Venezuela, pero no pasó de los 19 números. El mismo año que el Hombre Mosca, se publican también las andanzas de Karmatrón y los Transformables, una historieta de Oscar González Loyo que obtuvo bastante éxito entre el público infantil y que estaba interpretada por robots gigantes que se transformaban en vehículos al más puro estilo de los Transformers de Marvel, sólo que cinco años antes. Pero el primer superhéroe de rasgos marvelianos y origen mexicano no aparece hasta 1993, cuando Richard Domínguez crea para Azteca Productions, una editorial texana, El Gato Negro, un antiguo campeón de lucha libre de la década de los cincuenta que lucha contra el crimen en la frontera sur de los Estados Unidos.

Será en 1998 cuando se produzca una ruptura temática en la modernización del cómic mexicano, conocida como New Wave of Mexican Comics, con la irrupción de Ultrapato, un personaje creado por Edgar Delgado, que narra las aventuras de Carlos Bay, un pato que vive en un mundo de animales con características humanoides y que se convierte en superhéroe gracias al hallazgo de unos guantes de origen extraterrestre. Las hazañas de Ultrapato, en eterna lucha contra el villano Ultragallo, tuvieron una buena acogida aunque su trayectoria editorial fue muy complicada, obligando a su creador a recurrir a la autoedición. Hoy es uno de los clásicos del cómic latinoamericano.

Al norte del Río Bravo

Pero además de los superhéroes creados en territorio mexicano, hay un importante número de personajes, tanto protagonistas como secundarios que cruzaron la frontera para nacer en las páginas de las grandes editoriales estadounidenses, y entre todos ellos destaca Aztek, un superhéroe del Universo DC creado por una sociedad secreta como campeón del dios azteca Quetzalcoatl, la principal deidad prehispánica, en su combate contra

Tezcatlipoca, un dios de ficción. El personaje apareció por primera vez en *Aztek, The Ultimate Man*, en agosto de 1996, creado por Grant Morrison y Mark Millar y forma parte de la Liga de la Justicia. Es el superhéroe de procedencia méxicana que más lejos ha llegado en el universo DC, donde también figuran personajes como Chato Santana, la ultima personalización de El Diablo; Duran, un violento activista ecológico miembro de una antigua tribu mexicana; Iman, el aliado de otros dos superhéroes de procedencia azteca como Ácrata y El Muerto, ya mencionados en el capítulo 7 de esta obra o Yolanda Montez, alter ego de la nueva Wildcat III. En el universo Marvel destacan La Lunática, miembro de X-Men 2099, Miguel O'Hara, el Spider-Man 2099 o Victor Mancha, el Victorious de The Runaways, entre otros. En el siglo XXI ha aparecido una prometedora nueva generación de superhéroes autóctonos con personajes como Jaguar Sagrado, creado en el año 2000 por Ivan Arizmendi, el mismo año en el que Jorge Break produce su personaje Meteorix 5.9 No Aprobado –considerada una de las mejores obras mexicanas del nuevo milenio– y Fátima, la obra de Jorge Break, Trisha Escomic y Jorge «Jagr» Gómez, lanzada en 2016.

De La Habana a Santiago de Chile

Desde el caribe a las tierras australes, la geografía latinoamericana ha producido numersos superhéroes, tanto de factura propia como de inspiración para el *comic book* norteamericano. En
Cuba, el héroe más popular del cómic de ciencia ficción y fantasía es Matías Pérez, creado por Luis Lorenzo Sosa basándose
en un personaje real del mismo nombre, un portugués afincado en La Habana, que fabricó su propio globo aerostático en 1856
y que desapareció durante una de sus ascensiones, elevándose
hacia el cielo ante los ojos de los testigos que nunca volvieron a
saber de él y convirtiéndose en una leyenda. En la ficción, Matías
Pérez contactó con seres extraterrestres y conoció otros plane-
tas habitados, desde los que regresa a a Cuba para correr una serie de aventuras bastante surrealistas, siempre a favor de la justicia y la libertad de los más desfavorecidos. Su primera aparición
se produjo en las páginas de la revista *Pionero* en 1969. Otro personaje relaccionado con la ficción heroica es Yakro, el hombre
lagarto procedente de una adelantada civilización extratrrestre,
creado por Orestes Suárez Lemus en 1990. La renovación también ha llegado al comic en el siglo XXI con proyectos como Los
Hijos del Quasar, una obra variada con estética surgida del *comic book*, realizada por siete jóvenes talentos. De la vecina isla de
Haití sacó Marvel su personaje
Brother Voodoo, obra de Len
Wein y Gene Colan en 1973.
Es la personalidad superheroica de Jericho Drumm, el último de un estirpe de sacerdo-
tes vudú, compañero ocasional
de personajes del universo marveliano como Spiderman, Luke
Cage o Black Panther.

Los superhéroes guatemaltecos más importantes también han nacido fuera del país. Tal es el caso de Más y Menos, dos gemelos que cuando unen sus fuerzas consiguen el poder de la supervelocidad al grito de «¡Más y Menos, sí podemos!», surgidos en el año 2006 en la revsita *Universo DC Teen Titans* de DC Cómics. De esa editorial es también la actriz y presentadora de televisión Beatriz Bonilla da Costa, cuya personalidad secreta es Fire, miembro de la Sociedad de la Justicia, nacida en el Amazonas y capaz de dominar el fuego y que acabará compartiendo aventuras con Ice, la superheroína del hielo nacida en Noruega. De la competencia, la editorial Marvel, también han surgido superhéroes brasileños como el Capitán Forsa, un personaje creado en 1989, que se erige en vengador de los superhéroes latinos asesinados y que acabará siendo asesinado a su vez. Brasileño, concretamente de Río de Janeiro, es también Roberto da Costa, una estrella del fútbol y alter ego de Sunspot (Mancha Solar), un mutante capaz de absorver y relanzar rayos solares, creado por Chris Claremont y Bob McLeod para *Marvel Graphic Novel* en 1982.

La singularidad colombiana

En Colombia, uno de los primeros héroes enmascarados es Makú, un defensor cuyo nombre se inspira en una tribu de la selva del Amazonas, donde transcurren las aventura de este personaje creado por Jorge Peña en la revista *Súper Historietas* a mediados de los años sesenta. Otro luchador procedente de la selva colombiana, pero en el siglo XXI, es el Capitán Venganza, de Gabriel Trejos. Pero el héroe colombiano de mayor proyección internacional es Zambo Dende, publicado en 2014 por Nicolás Rodríguez. Es un mulato que lucha contra la esclavitud en la época colonial y sus aventuras han sido publicadas en Estados Unidos por DC Comics. En el mundo de la animación destaca Butiman, un superhéroe con conciencia social –vendedor callejero de día y luchador contra el crimen de noche– creado por Jaime Vi-llalba. El universo superheroico colombiano abunda también en curiosidades como Che-huahua, un perro que lucha por la igual-dad y la justicia en un mundo post humano, creado en 2008 por Gustavo Higuera y Juan Felipe Salcedo, o El Increíble Homo Pater, obra de Rodolfo León Sánchez en 2005, en el que anrraa la vida del Papa Juan Pablo II pero en versión de superhéroe. La última y llamativa novedad es la creación de Zallary Cardona, La Zay, un joven gay de Medellín, que lleva siempre una cartera con sus in-usuales armas de superhéroe: flechas de cupido, abanico de se-ñora, una poción anti sexista y un rayo homosexualizador contra los homofóbicos. Basado en las experiencias de su autor, combi-na el humor, la satira y la defensa de los derechos LGTB.En el país vecino, Venezuela, el primer superhéroe merecedor de tal nombre aparece por primera vez en 1993 de la mano de Omar Cruz con El Patriota, un en-mascarado enfundado en un traje con los co-lores de la bandera nacional y armado con un bate de beisbol, que combate el crimen y la corrupción y que ha sido publicado en 2015 como un superhéroe netamen-te chavista.

Superhéroes andinos

En Perú el superhéroe por excelencia es Supercholo, nacido en el dominical del periódico *El Comercio* en 1957, que en su 55 aniversario lo presentaba en pan-talla con una imagen moderna, con-vertido en una especie de superhéroe proletario andino y que en sus ini-cios fue una tira cómica que retrata-ba con un toque humorístico a los habitantes de la sierra peruana que

por aquellos años cincuenta estaban emigrando masivamente a la capital del país. Surgió del guion de Diodoros Kronos (Francisco Miró Quesada Cantuarias) y los dibujos de Víctor Honigman y durante sus primeros años mantuvo un tono evolutivo, desde un humor que hoy se consideraría un tanto peyorativo, a un humor futurista un tanto surrealista. Anunciado en los días de su aparición como «Una historieta peruana para todos los peruanos», se publicó durante más de tres décadas y logró un profundo arraigo en la cultura popular del Perú.

Cruzando el desierto de Atacama, en Chile encontramos a El Brujo, un estudiante con los poderes de los Brujos Chilotes, un mito muy popular del archipiélago de Chiloé, al sur del país y que fueron usados también en su día por por Alan Moore, como villanos de su saga American Gothic, escrito por Brian Wallis y dibujado por Mauricio Menares, fue publicado por primera vez en el año 2005 en las páginas de *Caleuche Comic*, la revista que dio origen al llamado Universo CS, con personajes renovadores como Bichos Raros, cinco jóvenes que combaten a tribus urbanas con fenómenos paranormales, o un extraño vigilante llamado El Clérigo. El último nombre de esta lista, el chileno Cobre, conocido como

Guardián Escarlata, demuestra la importancia de los superhéroes como icono cultural y herramienta de marketing, ya que fue publicado en 2013 por la empresa estatal CODELCO, la Corporación Nacional del Cobre de Chile, para promocionar la explotación de este mineral, en el que el país es una potencia mundial. Los guiones de la historia son del periodista Francisco Ortega y los dibujos de Nelson Daniel. Cobre es el alter ego de Antonio Aruni, un técnico de explosivos en la mina de Chuquicamata, la más grande del mundo de su tipo, donde encuentra un báculo dejado allí por 'El hombre de cobre', una momia real que se conserva en el Museo de Historia Natural en Nueva York. El báculo le confiere poderes electromagnéticos y le convierte en el Guardián Escarlata, que lleva un uniforme con el símbolo del cobre en el pecho. El personaje fue creado en una época de especial conflictividad laboral en la mina y fue ideado para promocionar la campaña de la empresa, lo que convierte a Cobre en un superhéroe finisecular que, como tantos otros, sirve a causas ambivalentes.

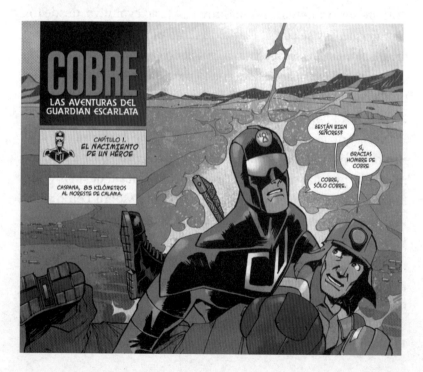

CLAVES
Y TÉRMINOS DEL GÉNERO

Además de ser un subgénero especializado, aunque muy amplio, de la cultura de los cómics, el de los superhéroes es un universo de origen y predominio anglosajón, y particularmente norteamericano, por lo que un buen número de términos de uso común son acepciones inglesas de términos a veces no solamente específicos del cómic y en ocasiones compartidos con otras especialidades del mundo de la historieta. Este es un resumen de los principales, a modo de guía para facilitar su lectura.

Alter ego
Expresión procedente del latín que significa «el otro yo» y que se usa habitualmente en el mundo de los cómics para denominar a los personalidades cotidianas que se ocultan tras la máscara de los superhéroes, o viceversa. La versión maligna de un personaje se denomina *doppelganger*.

Comic book
Es el formato habitual de las publicaciones de superhéroes y normalmente es una revista o cuadernillo con grapa, de periodicidad mensual, de unos 17 x 26 cm, que contiene una historia completa o una saga dividida en entregas. Inicialmente se imprimía en pa-

pel barato y con calidad baja, pero a partir de los años noventa alcanzaron una calidad similar a la de las revistas estándar.

Comics Code

Sello del Comics Code Authority creado por la Asociación de Revistas de Cómics de los Estados Unidos para regular y censurar el contenido de los *cómic book*, cuya presencia en la portada significaba que eran aptos para la venta. En la cumbre de su influencia constituyó un censor de facto para la industria del cómic estadounidense. Creado en 1954, estuvo plenamente vigente hasta 1971, fecha en la que fue revisado tras un número de Spiderman que trataba problemas con las drogas.

Crimen Comics

Revistas de historietas especializadas en argumentos delictivos y tramas policiaco-criminales de cualquier ambientación histórica o geográfica. En algunos casos se basan en sucesos reales aparecidos en los medios de comunicación.

Crossover

Trama argumental que afecta a varias revistas de personajes distintos de publicaciones regulares que se interrelacionan entre sí durante un número especial a una serie limitada de publicaciones. También se refiere a una publicación especial protagonizada por personajes de distintas cabeceras, habitualmente de una misma editorial, aunque también se producen crossovers de distintas empresas editoriales.

Horror comics

Publicación especializada en historietas con tramas de terror, misterio y horror en cualquiera de sus acepciones. Fue uno de los géneros más populares en el origen del *comic book*.

Fanzine

Publicación generalmente de producción doméstica realizada por aficionados, habitualmente sobre un género o temática concreta, con una distribución limitada, sin ánimo de lucro y por mero afán de divulgación. En España su desarrollo más significativo se produjo en los años ochenta.

Fill-in

Habitualmente es una definición doble que abarca la falta de relación del episodio con el argumento general de la serie y la autoría a cargo de un dibujante y un guionista distintos a los habituales. Generalmente es una figura similar a la del dibujante invitado.

Golden Age

Nombre referido a la llamada Edad de oro de los cómics, especialmente de los *comic book*, que se sitúa entre 1937 (o 1933, según las fuentes) y 1954. Habitualmente hace referencia a la primera época dorada de los superhéroes clásicos.

Miniserie

Suele hacer referencia una serie de aventuras de un personaje limitada en el tiempo o una colección breve protagonizada por uno o varios personajes con la misma línea argumental.

Megapolis

Ciudades imaginarias donde trascurren las aventuras de los superhéroes, especialmente en el universo de DC Comics, como Metrópolis, el hogar de Superman, Gotham City, la ciudad de Batman, Central City, escenario habitual de Barry Allen-Flash, Coast City la urbe de Green Lantern, o Midway City, la ciudad de Hawkman y Hawkgirl.

Novela gráfica
A pesar del eterno debate sobre su acepción exacta, existe un cierto consenso al referirse con ella a una obra que recoge una historieta con un desarrollo argumental completo, susceptible o no de tener continuidad y dirigido al público adulto. Generalmente suele usarse para publicaciones en formato muy próximo al libro tradicional y cuyo contenido busca aproximarse a la literatura, con cierto tono alternativo y pretensiones de respetabilidad.

Pulp
Revista de pequeño formato, impresa en papel barato y de escasa calidad, habitualmente especializadas en géneros de literatura popular como el misterio, la fantasía, ciencia ficción, aventuras o terror. Fue fundamental para lo que hoy se conoce como novela negra o policiaco-criminal.

Silver Age
Hace referencia a la etapa de la historia de los cómics situada entre los años 1956 y 1970, y que representa genéricamente el período de esplendor de los superhéroes modernos y la expansión del *comic book*.

Space opera
Subgénero de la ciencia ficción donde se narran historias aventuras futuristas, con ficción tecnológica y creación de ficticios imperios galácticos.

Splash Page
Primera página o página de bienvenida de la mayoría de los *comic book*. Se trata generalmente de una página de cómic compuesta en su mayor parte o en su totalidad por una sola imagen en la que suelen aparecer los créditos.

Premios Eisner

Son los galardones más importantes en el mundo del cómic, denominados oficialmente Will Eisner Comic Industry Award como homenaje al autor Will Eisner, que fue un participante regular en la ceremonia hasta su muerte en 2005. Fueron creados en 1988 como respuesta a la interrupción de los Premios Jack Kirby después de 1987 y que sólo tuvieron tres ediciones.

Premios Harvey

Premios anuales, denominados oficialmente Harvey Awards, concedidos por la industria del cómic norteamericano en homenaje al escritor y dibujante Harvey Kurtzman creados por la editorial de cómics underground Fantagraphics, y elegidos por votación pública entre profesionales del cómic. También se crearon a raíz de la desaparición de los Premios Kirby.

Teenage comics

Publicaciones especializadas en historietas dirigidas específicamente al público juvenil, habitualmente con tramas y argumentos protagonizados por adolescentes.

Tiras de prensa

También conocidas como tiras cómicas o comic strip en su acepción norteamericana, son historietas breves formadas por un máximo de cinco viñetas, habitualmente dedicadas a un mismo personaje, publicadas en diarios (*daily strip*) y suplementos dominicales (*sunday strip*).

War comics

Género de historietas especializado en tramas de contenido bélico de cualquier país y épica histórica, aunque abundan mayoritariamente las ambientadas en la Segunda Guerra Mundial y conflictos bélicos del siglo xx.

CRONOLOGÍA BÁSICA

1933. Aparece por primera vez Superman en el número tres del fanzine *Science Fiction: The Vanguard of Future Civilization*. La empresa Procter & Gamble regala con sus productos un ejemplar de *Funnies on Parade*, una recopilación de tiras cómicas de prensa, ancestro del *comic book*.

1934. Aparición de *Famous Funnies*, primer *comic book* de venta en quioskos. Se funda la National Allied Publications, Inc. - conocida también como National Allied Newspaper Syndicate, Inc.-, raíz de la futura DC Comics.

1935. Sale al mercado *New Fun: the big comic magazine*, primer *comic book* de aparición mensual con historietas inéditas.

1937. Lanzamiento del primer número de la publicación *Detective Comics*, germen de DC Comics.

1938. Primera aparición de Superman en el número uno de *Action Comics*.

1939. Nacimiento de Batman en el número 27 de *Detective Comics*.

1941. Aparición de Wonder Woman, Capitán América y Aquaman.

1954. Publicación del ensayo Seduction of the innocent, un alegato anti cómics del psiquiatra Fredric Wertham y creación del código de censura *Comics Code*.

1956. Publicación de una nueva versión de Flash en el número 4 de *Showcase,* germen de la Silver Age.

1961. Aparición de los Cuatro Fantásticos. Comienza la humanización de los superhéroes.

1962. Primera publicación de Spiderman. El primer superhéroe adolescente.

1966. Aparece el primer superhéroe negro, Black Panther, en el número 52 de *Fantastic Four*.

1971. Se publican con enorme éxito tres historias de Spiderman, tratando el problema de las drogas, sin el sello del *Comics Code*.

1976. Publicación del primer crossover entre dos superhéroes de Marvel y DC: *Superman contra Spider-Man*.

1978. Estreno de la película *Superman*, dirigida por Richard Donner e interpretada por Christopher Reeve.

1986. Publicación de Watchmen. Comienza una nueva era crepuscular de los superhéroes. Fundación de la editorial Dark House Comics, primera gran editorial independiente.

1992. Fundación de Image Comics por varios ex autores de Marvel. Consolidación de las editoriales independientes.

1993. El número 75 de *Superman* vende más de seis millones de ejemplares con la muerte, transitoria, del primer superhéroe.

1996. Después de 58 años de relación, Lois Lane y Superman se casan en *The Wedding Album*. La historia es emitida en paralelo por una serie de televisión de la Warner y logra ventas millonarias.

2000. *Ultimate Spider-Man,* primera reconversión con éxito de un clásico para aproximarlo a los adolescentes del siglo XXI. Le seguirán las reinvenciones de *Ultimate X-Men* y otros personajes del universo Marvel.

2006. Publicación de la *Crisis Infinita* de DC. Inicio de una permanente revisión de sus personajes.

BIBLIOGRAFÍA

Aguilera, Ricardo / Díaz, Lorenzo. *Gente de comic: De Flash Gordon a Torpedo, Diario 16*, suplemento Gente, Madrid,1989.

Arizmendi, Milagros. *El Comic*, Planeta, Barcelona, 1975.

Bayona, Marino / Matas, Diego. *El primer superhéroe*, Dolmen, Palma de Mallorca, 2015.

Bayona, Mario / Matos, Diego. *Superman.El primer superhéroe*, Dolmen Editorial, Palma de Mallorca, 2013.

Casas, Quim. *Películas clave del cine de superhéroes*, Robinbook, Barcelona, 2011.

Clemente, Julian M. *Spiderman. La historia jamás contada*, Panini, Gerona, 2015

Clemente, Julián M. / Guzmán, Rubén. *Spiderman. Bajo la máscara*, Dolmen Editorial, Palma de Mallorca, 2002.

Coma, Javier / VV.AA. *Comics. Clásicos y modernos*, El País, Madrid, 1988.

Coma, Javier. *Los cómics. Un arte del siglo XX*, Guadarrama, Madrid, 1978.

Coma, Javier. *Del Gato Felix al Gato Fritz. Historia de los cómics*, Gustavo Gili, Barcelona, 1978.

Defalco, Tom / Sanderson, Peter / Brevoort, Tom. *Crónica Marvel*, DK, Barcelona, 2013.

Defalco, Tom. *Spiderman. La guía definitiva*, Ediciones B, Barcelona, 2002.

Díaz, Lorenzo. *Diccionario de superhéroes*, Glénat, Barcelona, 1996.

Eco, Umberto. *Apocalípticos e integrados*, Tusquets Editores, Barcelona, 1995.

Evainer, Mark. *Kirby. El rey de los cómics*, Rosell Fantasy Works, El Mallol-Girona, 2013.

Frattini, Eric / Palmer, Óscar. *Guía básica del cómic*, Nuer Ediciones, Madrid, 1999.

Gasca, Luis / Gubern, Román. *El discurso del cómic*, Ediciones Cátedra, Madrid, 1991.

Gasca, Luis. *Los héroes de papel*, Editorial Taber/Epos, Barcelona, 1969.

González, Manu. *Dioses, héroes y super*héroes, Redbook ediciones, Barcelona, 2016.

Gubern, Roman. *Máscaras de la ficción*, Anagrama, Barcelona, 2002.

Gubern, Román. *El lenguaje de los comics*, Ediciones Península, 1972.

Guiral, Antoni. *Del Tebeo al Manga. Una historia de los comics (Tomos 3, 4 y 5)*, Panini Comics, Gerona, 2008.

Gravett, Paul. *1001 Cómics que hay que leer antes de morir*, Grijalbo, Barcelona, 2012.

Kakalios, James. *La física de los superhéroes*, Robinbook, Barcelona, 2006.

Manning, Matthew K. *Batman. La historia visual*, DK Penguin Random House, Barcelona, 2015.

Marín Trechera, Rafael. *Spider-Man: El superhéroe en nuestro reflejo*, Ediciones Sinsentido, Madrid, 2007.

Marín Trechera, Rafael, *Los Cómics Marvel*, Nexus, Barcelona, 1995.

Masotta, Oscar. *La historieta en el mundo moderno*, Ediciones Paidós, Barcelona, 1982.

Mazur, Dan / Danner, Alexander. *Cómics. Una historia global, desde 1968 hasta hoy*, Blume, Barcelona, 2014.

Mazur, Dan / Danner, Alexander. *Cómics. Una historia global desde 1968 hasta hoy*, Blume, Barcelona, 2014.

Morris, Tom / Morris, Mat (eds). *Los superhéroes y la filosofía*, Blackie Books, Barcelona, 2010.

Morrison, Grant. *Supergods*, Turner, Madrid, 2012.

Pardo, Tomás / Monje, Pedro. *1001 Curiosidades de los superhéroes*, Robinbook, Barcelona, 2014.

Porcel, Pedro. *Superhombre ibéricos*, Ediciones de Ponent, Alicante, 2014.

Rodríguez, Faustino. *Los héroes de papel y la II Guerra mundial*, El Wendigo (revista), Gijón, 1984.

Rodríguez, José Joaquín. *King Kirby. Jack Kirby y el mundo del cómic*, Dolmen Editorial, Palma de Mallorca, 2013.

Rodríguez Moreno, José Joaquín. *Los cómics de la Segunda Guerra Mundial*, Universidad de Cadiz, 2010.

Scaliter, Juan. *La ciencia de los superheroes*, Robinbook, Barcelona, 2011.

Uslan, Michael E. *Una vida con Batman*, Planeta de Agostini, Barcelona, 2012.

Varillas, Rubén. *La arquitectura de las viñetas. Texto y diuscurso en el cómic*, Viaje a Bizancio Ediciones, Sevilla, 2009.

Velez, Anabel. *Superheroínas*, Redbook ediciones, Barcelona, 2017.

Vilches, Gerardo. *Breve historia del cómic*, Nowtilus, Madrid, 2014.

VV AA. *Marvel Comics. 75 años de historia grafica*, Hamish Hamilton, Penguin Random House, Barcelona 2015

VV AA. *Marvel. Los orígenes*, Marvel Ediciones, Gerona, 2015.

VV AA. *Superheroes Marvel. Guia de personajes definitiva*, Disney Libros, Planeta, Barcelona, 2015.

VV AA. *DC Comics. Crónica visual definitiva*, DK, Barcelona, 2014.

VV AA. *Batman desde la periferia*, Alpha Decat, Barcelona, 2013.

VV AA. *Superhéroes. Los 100 imprescindibles*, Marvel Ediciones, Gerona, 2013.

VV AA. *La Enciclopedia Marvel. La guía definitiva de los personajes del universo Marvel*, Pearson Educación, Madrid, 2007.